神の国と世界の回復

キリスト教の公共的使命

稲垣久和◉編

教文館

まえがき

　今日、科学技術の高度に発達した時代にキリスト教のメッセージは何を告げているのであろうか。日本のキリスト教宣教は四六〇年以上たっても、クリスチャン人口がいまだに総人口の一％を超えることがない。

　キリスト教信仰は永遠の命という宗教的真理や魂の救済を約束するのであって、世界の政治、経済、ビジネス、科学、芸術、メディア等々、世俗の事柄、いわゆる公共的事柄には直接関係しない。教会でもそういう話はしない方がよい。科学的真理とは違う宗教的真理を説いていて、人生に指針と励ましを与えてくれる、それで十分だ。こういうレベルでキリスト教に入信し、教会の交わりに集っている人が多い(1)。

　しかし、この程度のキリスト教理解でやってきた日本のプロテスタント教会の宣教は、もはやこれ以上の進展を見せることはないであろう。ローマ・カトリック教会の教えには伝統的に世界観的な側面があって、この世の文化や哲学と積極的に対話しようとの姿勢がある。プロテスタントは聖書主義を掲げるがゆえにこの側面が弱い。もちろん聖書のメッセージを、本来そのものとして受け取ればそうはならないのであるが、日本のプロテスタントは神学的に近代の個人主義や仏教的救済観に強く影響されたこともあって、キリスト教信仰を私的なレベルで捉える傾向が強くそこから脱皮できない。また脱皮できる根拠もはっきりと見いだしていない。

このような聖俗二元論を打破するにはどうすればよいのか。欧米のキリスト教もこの二〇〇年あまり、信仰は個人の心の問題であり、キリスト教の教えが公共の場（public sphere）で真面目に受け止められることはなくなった。かつての〝キリスト教文明〟への評価もままならず信仰の私事化（privatization）が著しい(2)。

本書でも扱う聖書学者N・T・ライトは、日本人でいえばいわゆる浄土教的宗教観に似たイエスと神の国（天国）の受け取り方を評して言う。

ナザレのイエスは新しい〝宗教〟を教えたわけではない。むしろ〝宗教〟という言葉が当時に意味していたこととは全く異なる意味を持つことを示したのだ。また、死んだ後にどのようにして天国（heaven）に行けるのか、といった秘話を語ったわけでもない。これらについてほとんど語っていない、というのはイエスのメッセージは天国に行くことではなく、地上に来つつある天国について――つまり天国の意味、まさに彼自身の中に天国があるのだと――語ったからである(3)。

本書の目的はイエスの説いた「神の国」について再検討し、そこからキリスト教のメッセージを問い直し、日本宣教のパラダイム・シフトを提言することである。

第一章は二〇世紀のヨーロッパ聖書学の中での「神の国」の概念の変遷を見る。特に、今日に注目されている聖書学者N・T・ライトの学説の中にどう位置づけられているかを解説する。「神の国」とは時間空間を越えた神の現実支配のことであり、キリストにあって回心した人が、現世の生き方において神からの召命をいかにまっとうするかということと深く関わる。近代日本の富国強兵の時代、資本主義揺籃期にこれと葛藤した人たちがかなりいる。その中で賀川豊彦は救貧活動、労働運動、協同組合運動など実践的行動力において抜きん出ていた。それは彼自身の神学的な「神の国」理解と深く関わっていた。そのことが第二章で語られる。またこの時期、近代の日本キリスト教史において、富を築く意味をキリスト者として自覚しつつ経営方面で足跡を残し、宣教に従事した人々について第三章で紹介する。第四章では日本の文脈で「神の国」とは何を意味しているのかを概観した。「天皇を中心とする神の国」の淵源を知れば日本宣教の困難さの理由が浮き彫りになるに違いない。

最後の章では「神の国」が西欧近代思想でどう扱われたか、特に啓蒙主義哲学者イマヌエル・カントに着目し、その聖俗二元論（宗教と科学の二元論）が日本での現れ方と形式的・構造的に類似することを示す。N・T・ライトの聖書学は、一見すると見過ごされやすいが、実はしっかりした哲学的背景を持っている。カント以来の近代哲学の弱点を克服しよう、こう意図する批判的実在論という立場に立っている。批判的実在論は日本のキリスト教界が聖俗二元論を打破するためのフレームワークと行動指針を与える。そこから、公共圏で非キリスト教勢力と協働しつつ、「世界の回復」としての「神の国」の実現を果たすための方策を提案する。

今年は明治維新一五〇年ということであるが、英語で明治維新を the Meiji Restoration と表現した時の restoration（回復）とは古代の天皇親政ないしは天皇を中心とした「神の国」の回復を意味しよう。もしそうであるならば、ライトがイエスによってもたらされた神の国を restoration eschatology（回復的終末論）というのとは、まさに真っ向から対立するというべきであろう。

この小書が、日本のキリスト教界の中に、宣教とは何かを包括的に捉えるような議論を喚起し、公共圏でのキリスト教の役割を問うきっかけとなれば幸いである。「異質な他者」と協働できるのか、できないのか。できるとすればその根拠は何なのか。それが今後の日本のキリスト教のあり方を決定し、ひいては日本という国の国際社会での生き残りを決定するであろう。

読者からの大いなるご批判を仰ぎたいと願っている。

二〇一八年六月

稲垣　久和

注

（1）ここで公共的という意味は市民社会的ということである。公共的な話題に対してそのつど教会が声明を出すべきだ、と主張しているわけではない。

（2）たとえば N. Tom Wright, *God in Public*, SPCK, 2016 参照。

（3）Ibid., p. 172.

（4）筆者自身の最近の試みとしては大澤真幸・稲垣久和『キリスト教と近代の迷宮』（春秋社、二〇一八年）参照。

【目次】

第三章　日本キリスト教史におけるキリスト教の公共性　山口陽一
経済人として生きたキリスト者たち

装丁　熊谷博人

第一章　新約聖書学における神の国

山口　希生

一　序論

「神の国」[1]がイエスの宣教活動の中心にあった、ということは史的イエス研究に携わる新約聖書学者たちの間の数少ないコンセンサスの一つである。共観福音書（マタイ、マルコ、ルカ）には「神の国」あるいは「天の国」[2]というフレーズが明らかな並行箇所を除いても七〇回以上も登場する。ヨハネ福音書には「神の国」は二度しか現れないが、だからヨハネ福音書では神の国は重要ではない、ということにはならない。ヨハネ福音書で「神の国」が唯一登場するニコデモとの対話においては、「神の国に入る」という言い回しは「永遠の命を持つ」という言葉と同義に使われているが、この二つの表現はマルコ福音書でも同義語として用いられている（ヨハネ三・五、一六、マルコ一〇・一七、二三―二五）。マルコ一〇章三〇節では「永遠の命」とは「来るべき時代」で与えられる命であるとされるが、前後の文脈では「来るべき時代」と「神の国」とは同じ意味合いで使われている。したがって、マルコ福音書では「永遠の命」とはすなわち「神の国（＝来るべき時代）の命」である。このような観点からは、「永遠の命」が強調されているヨハネ福音書においても、「神の国」は暗黙の前提となっていると言えるのではないか。[3]

そして新約聖書学の主要な批判的解釈法からも、「神の国」がイエスの宣教の中心にあったことが明確に裏付けられる。様式史批判から見ても、「神の国」はイエス伝承のほぼすべてのタイプの「様式（譬え話、黙示的言葉など）」に現れるし、[4]資料批判の観点から、ジョン・P・マイヤーは次のように指摘する。

「神の国」というフレーズ及びその同意語（「天の国」、「私の父の国」等）はマルコに一三のイエス語録、Q資料には約一三の語録、マタイ特殊資料では約二五の語録、ルカ特殊資料では約六つの語録、そしてヨハネでは二つの語録に登場する。[5]

「神の国」がほとんどすべての「様式」および「資料」に登場するという証拠から、神の国の使信がイエス本人に遡ることは疑うべくもない。では、イエスが語った「神の国」とは一体何を意味するのかという問いとなると、今日でも実に様々な見解が存在する。この件について、ブルース・チルトンは次のように述べている。

神の国はイエスのメッセージの中心にあるが、それは事実でもあり謎でもある。事実というのは、イエスの最初の弟子たちから最も懐疑的な学者たちに至るまで、神の国が近いとイエスが宣べ伝えたことをすべての人が認めているからである。謎というのは、イエスが神の国について語った

時、それが正確には何を意味したのかについて、教会の内外で絶え間なく論争の的になってきたからだ。(6)

イエスの語った「神の国」がこれほど議論の対象となってきたことの理由の一つは、このフレーズがそのままの形で旧約聖書に一度も登場しないことだろう。それは七十人訳聖書に含まれる「知恵の書」に僅かに一度登場するのみである。

兄弟の怒りを逃れた義人を、
知恵は正しい道に導き、
神の国を彼に示し、
聖なる事柄についての知識を授け、
労苦を通して繁栄をもたらし、
その働きに対して豊かに報いた。(7)

この箇所は族長ヤコブの生涯に関するもので、知恵はヤコブに「神の国」を示したとされるが、その意味するところは定かではない。では、旧約聖書は「神の国」の探求には役立たないかと言えば、決してそうではない。それどころか、旧約聖書には「神の国」の思想的・神学的な背景が豊富に含まれている。また、詩編に登場する「彼の王国」(詩編一〇三・一九)、「あなたの王国」(詩編一四五・一一、

一二、一三）などは実質的には「神の国」と同じ意味であり、これらの言葉が含まれる箇所は新約聖書の「神の国」を理解する上で大きな意味を持っている。旧約聖書のみならず、中間時代と呼ばれる時代に書かれたユダヤ文献も、イエスの時代との近さから大変貴重な資料である[8]。さらには、イエスはアラム語を話していたと思われるので、紀元一世紀のパレスティナでこのアラム語の言葉が何を意味していたのかという歴史的な問いもこの研究には不可欠なものだ。

本論稿では、一九世紀後半以降の「神の国」の研究の変遷を簡潔に示していきたい。一九世紀末は、神の国への関心が大きく高まった時期だった。当時の学者たちは、イエスの時代のユダヤ人たちが待ち望んでいた神の国とは人の魂が死後に向かうであろう「天国」のことではなく、地上における社会改革運動でもないことを認識するようになった[9]。それゆえ一九世紀後半を研究史の起点とすることには妥当性があるだろう。これまでの研究において特に争点となってきたのは、イエスの語った神の国は終末論的に理解されるべきものなのか、もしそうならば、イエスにとっての「終末」とは何であるのか、という点である。チルトンは次のように述べている。「神の国についての今日までの議論の流れは、終末論をめぐる論争がどんなものなのかを把握することなしには理解できない[10]」。

二　一九世紀以降の「神の国」理解の進展　リッチュルからシュヴィツァーまで[11]

(一) リッチュル　倫理的な「神の国」

一九世紀にイエスの唱えた「神の国」に最初に注目したのは自由主義神学者たちだった。彼らは当時の楽観的・進歩主義的世界観によってこのイエスの言葉を解釈した。アルブレヒト・リッチュル（一八二二―一八八九）は自由主義神学者たちの中でも「倫理」を強調した人物だが、彼にとっての神の国とは、キリスト教の持つべき倫理性を凝縮した言葉だった。次の一文は、リッチュルの神の国観を端的に言い表している。

イエスを信じる人々が神の国なのである。彼らが性や条件や国籍の違いによって互いを差別し合うことなく、互いに愛に基づいて行動し、道徳的確信と道徳的善の共同体をあらゆる可能なレベルで世界の果ての人々へと拡大していくならば、彼等こそが神の国なのである。(12)

このように、人類が普遍的で倫理的な歩みを実践し、「最高善」を達成することによって地上に神の国がもたらされる、とリッチュルは考えた。こうした倫理的な「神の国」観はイエスの時代のユダヤ思想よりも、アリストテレス以来のギリシャ哲学にルーツを持つものといえるだろう。

(二) ヴァイス　黙示的な「神の国」

だが、リッチュルの義理の息子であったドイツの新約聖書学者のヨハネス・ヴァイス（一八六三―一九一四）はこれを強く批判した。ヴァイスによれば、「神の国」は人間が建て上げるものではなく、神の力のみによって超自然的な形でもたらされるものである。(13) ヴァイスの強みは、このような主張を第二神殿期のユダヤ的背景から論じたことだった。イエスの聴衆は、「神の国とは何か?」とイエスに問うことはなかった。それはイエスとその聞き手たちとの間で、神の国についての基本的な共通認識があったからであろう。それゆえヴァイスはこう指摘する。

イエスはこの概念［神の国］を彼の同時代の人々が理解できるような、そのままの意味で用いた、ということが一般的に認められている。確かにそれは正しい。では、どのような意味で、だろうか？[14]

ヴァイスは、当時のユダヤ人たちの抱いていた「神の国」を探求するために、ユダヤ黙示文学を重視した。紀元一世紀に読まれていた「モーセの遺訓」には、次のような一節がある。

そして彼［神］の王国は全被造世界にあまねく現れるだろう。
そして悪魔の命運は尽きる
しかり、悲しみも悪魔と共に消え失せるだろう。
［……］
太陽は光を放たず
闇の中で三日月の角は消え失せる。
しかり、それらは粉々になる。
月はすっかり血に変わる。

しかり、星々の帯でさえ混沌の中に投げ込まれる[15]。

ここでは、神の国が人間の業によって徐々に拡大していくのではなく、神の力によって瞬く間に全世界に実現されることが展望されている。また、神の国の到来が天変地異を伴うことが示唆されている[16]ように見える。そして重要なのは、神の国の到来がサタンの王国の壊滅を伴うことである。自由主義神学者たちの提示した「神の国」には、サタンの王国との対決という側面が抜け落ちていたが、ヴァイスはこのテーマの重要性に光を当てた。

私たちが忘れてはならないのは、イスラエル人にとって、そしてイエスにとって、二重の世界が存在し、それゆえ出来事にも二重性があったということだ。人間の世界とその歴史は世界の構造の下層部にすぎない。天使たちと霊たちの世界がその上に築かれているのである。両方の部分がコスモス（世界）を構成する（第一コリント四・九）。さらには、地で起きることと天で起きることとの間には確かな並行関係がある。すべての［地上の］歴史は、天における出来事の結果、効果、またはそれに対応するコピーなのである[17]。

イエスはこのような世界観の中で生きたユダヤ人であり、天でサタンの支配が打ち破られたのに続き（ルカ一〇・一八）、地上でサタンの支配を打ち破ることが自らの使命であることをはっきりと意識していた、とヴァイスは論じる。当時のユダヤ人は病の究極的な原因をサタンの影響に見ていたので

（マタイ八・一六―一七、ルカ一三・一六参照）、イエスの活動の大きな柱の二つである「病の癒し」と「悪霊祓い」は、いずれもサタンの支配に対する戦いとして見ることができる。だがヴァイスによれば、イエスが行った悪霊祓いや病人の癒しそのものが神の王国の到来なのではなく、サタンの王国の完全な崩壊が差し迫っていることを示す徴だった。つまり、イエスの活動中は神の国は未だに到来していなかったということだ[18]。なぜなら、ヴァイスによれば神の国とは物質世界の崩壊後に出現する超自然的な世界だからだ。

私たちがこれまでの議論から学んだのは、イエスがそう考えていたように、神の国とは全くの超世界的な実体であり、この世界とは対極にあるものだということだ。すなわち、この世界のただ中で発展していく神の国など、イエスには思いもよらないものだったということだ[19]。

この黙示的「神の国」論は当時の神学界を震撼させた。ベルリンで教義学を教えていたユリウス・カフタンは、「もしヨハネス・ヴァイスが正しいのなら、神の国とは終末的なものだということになる。そして、教義学において『神の国』という概念を用いることは不可能になる」と語ったとされる[20]。カフタンはリッチュル学派に連なる教義学者だが、神の国の地上における拡大とキリスト教倫理の実践とを結びつけようとする教義学的な試みは、神の国が人間の働きによって到来するのを否定するヴァイスの言説によって粉砕されてしまう、という危惧を述べたのだった。

(三) ダルマン 「神の国」＝「神の支配」

ヴァイスほどの注目は集めなかったものの、より広いユダヤ的背景からの「神の国」の堅実な研究も続けられていた。中でも特筆すべきなのはグスタフ・ダルマン（一八五五―一九四一）である。ヴァイスがユダヤ黙示文学に焦点を当てたのに対し、ダルマンは旧約聖書からラビ文献に至るまでの幅広い資料を視野に入れて神の国について論じた。ダルマンが特に強調したのは、「神の国」＝「神の支配」という点である。通常「王国」と訳されるヘブライ語のマルクート（מלכות）という言葉について、ダルマンは次のように述べている。

> 疑問の余地がないのは、旧約聖書においてもユダヤ文献においても、マルクートという言葉が神に対して用いられる場合、それは常に「王の支配」を意味し、神の支配する領域としての「王国」という意味では決してない、ということだ[21]。

旧約聖書の観点から神の国を理解する上で重要なのが詩編一〇三編一九節だ。「主は天にご自分の王座を堅く立てその王国（マルクート）はすべてを統べ治める[22]」。ここで大切なのは、世界の創造主にして保持者である神の王としての支配には、時間的・空間的な制約は一切ないということだ。神の国には領域的制限がないため、それを領土として考えるのは誤りだ、ということになる。神はあらゆる時代の全ての領域を支配しているという前提に立てば、「神の国が現れる」という言葉の理解も違ってくる。ダルマンはこう指摘する。

神は現実には今も支配者なのだから（その事実が公然と認められることだけが必要なのである）、神の主権が力を持って確立されることは、『現れる』と呼ばれ得るだろう。[23]

神は常に王として支配しておられるので、人々がその支配を認めて従うときに、「神の国が現れる」のである。ラビ文献ではそのことを、「天の国をその身に負う」という言い方で表現した。[24] ダルマンはさらに、終末論と神の支配とを独特の仕方で論じる。ダルマンによれば、「永遠の命」とは神の支配へ参与することを意味し、「ゲヘナへの裁き」とは神の支配から永続的に排除されることを指す。[25]

ここで、ダルマンに師事した高名なドイツの聖書学者、ヨアヒム・エレミアスの解説を紹介しよう。エレミアスは師の見解を受け継ぎつつ、神の支配の現在性と未来性の緊張関係について、二つの時代（エーオン）、つまり「今の時代」と「後の時代（来るべき時代）」というユダヤ的時代区分から説明する。「今の時代」では神の王的支配はイスラエルのみに知られているが、神の支配が完成する「来るべき時代」においてそれは全世界に示されるだろう。

現在のエーオン［時代］においては、神の王的支配をないがしろにする異邦の諸民族にイスラエルは屈従させられており、この故に神の支配は限定を受け、かくされたものとなっている。神の支配と異邦諸民族のイスラエル支配とは、互いに相容れない矛盾である。しかしやがてこの二律背反が解消される時が訪れよう。イスラエルの解放が成り、神の王的支配の光輝さん然たる栄光が現れ、かくして全世界は神を王として仰ぎかつ認めるに至るのである。[26]

このように、ユダヤ的背景から「神の国」を考えるといっても、いわゆる黙示的な観点を重視するヴァイスの場合と、[27]神の支配の普遍性・永遠性を強調するダルマンの場合とではその理解が異なってくる。ヴァイスの示す神の国とは未来的・終末的なものであり、それをもたらすのは神の力のみである。他方で、ダルマンによれば神の国（支配）は常にあるのであり、人々がその支配に従うことを通じて神の国が「現れる」。この二つの視点は必ずしも互いに矛盾するものではない。神の支配が普遍的・永続的なものだとしても、地上には神の完全な支配を妨げるような反創造的な諸力が存在しており、このような諸力が一掃されることを神の終末的支配の到来と呼ぶことが出来るからだ。その時にこそ、世界の諸民族はイスラエルの神を礼拝するようになるだろう。それでも、ヴァイスとダルマンの間にはやはり大きな違いがある。ヴァイスの提示する神の国はあくまでも「超自然的な（übernatürlich）」ものであり、被造世界との断絶・非連続性が強調されるために、この世界の破壊を通じてのみ到来する異次元の神の国として捉えられることになる。それに対しダルマンの示す神の国は、過激な二元論とは程遠い。ダルマンによれば、神の支配が完全なものとなる「後の時代（age）」とは、決して「別の世界（world）」ではないのである。[28]

だが、当時の新約学界においてより大きな影響力を及ぼしたのはヴァイスの方だった。それには特にシュヴァイツァーの貢献が大きかった。そして彼の「神の国」研究は、「史的イエス」探求の中で行われた。

（四）シュヴァイツァー　終末預言者イエスと「神の国」

ノーベル平和賞受賞者として、一般にもその名を広く知られているアルベルト・シュヴァイツァー（一八七五―一九六五）の提示するイエス像は衝撃的なものだった。シュヴァイツァーによれば、イエスは世界の終わりが間近に迫っているという危機感の中で行動した預言者だった。イエスが「アーメン、確かにあなたがたに言います。あなたがたがイスラエルの町々を廻り終わるまでに、人の子が来るでしょう[29]」と語った時、彼は文字通りにそれを信じていた。「人の子」が来ると宇宙的な大激変が生じ、現在の天地が滅び去って超自然的な「神の国」が出現する。その時にはイエスの真の姿、つまり「人の子」と呼ばれる全宇宙の支配者としての姿が明らかにされるはずであった。そのような瞬間が目前に迫っているという期待の下に、イエスは使徒たちをイスラエルの町々に派遣した。時が迫っているゆえに、ぐずぐずしている暇はない。だから、福音を受け入れない町からは早々に立ち去るようにと命じた（マタイ一〇・一四）。けれども、弟子たちが旅から成功裏に戻ってきた時にも、期待に反して「神の国」は現れなかった。では、どうすれば神の国が到来するのだろうか？　イエスはその答えを得るべく、一人で寂しい地に退いて神に祈った。当時のユダヤ人の間には、「受難思想」が広まっていた。神の国の到来の前に、神の民は「メシアの災い」と呼ばれる苛烈な苦難の時を耐えなければならない。そしてイエスは、「メシアの災い」が神の民全体ではなく、自分一人が背負わなければならない苦難であることを悟っていった。イエスはエルサレムで自らが「メシアの災い」を引き受けることで神の国を到来させようとした。しかし、その苦難と死にもかかわらず、神の国は結局到来しなかった……[30]。

シュヴァイツァーは以上のような、挫折した終末預言者というイエス像を提示した。それがもたらした衝撃はヴァイス以上に大きく、シュヴァイツァーによって主に自由主義神学の学者たちによってなされてきた「史的イエス」探求は中断されてしまった、と言われるほどだった。イエスが失敗した預言者である、というような見方が多くの信仰者にとっては受け入れがたいものだったのは言うまでもない。だが、シュヴァイツァーの提起するイエス像に問題があるのも確かだ。もしイエスが世界の終焉が近いことを確信していたのなら、彼の多くの倫理的な教えをどのように理解すべきなのか。イエスは新たな永続する共同体を建て上げ、彼らの歩みの指針として「山上の垂訓」のような教えを与えたのではなかったのか。シュヴァイツァーも、イエスの倫理的な教えと切迫した終末的期待をどう調停すべきか、という問題に取り組んでいる。シュヴァイツァーはイエスの教えを「中間倫理（*interim-ethics*）」、つまり差し迫った世界の終焉までのわずかな期間だけに適用される暫定的な教えだとした。[31] この見方によれば、イエスの倫理的な教えは、神の国に入るのに相応しいと認められることを願う者のためのものではあるが、神の国において守るべき教えではない。なぜなら、神の国が到来する時にはすべての悪が滅ぼされるので、神の国においては善悪の基準や倫理などは不要になるからだ。神の国は倫理を超えた世界なのである。[32] シュヴァイツァーは、近代以降のヨーロッパの倫理観とイエスの時代のユダヤ人の倫理観とを比較して次のように論じている。

近代の倫理は「無条件」である、なぜならそれは自ら新しい倫理的状況を作り出すからだ。その作り出された状況が進展し、最終的な完成へと至ることが想定されている。倫理はここでは目的そのものであり、人類の道徳的完成は神の国の完成と同じものとされる。これがカントの思想である。この倫理の自己充足性（だがそれは、はるかに遠い完成を展望するというある種の諦めを伴う）が示しているのは、近代のキリスト教理論にはヘレニズム的合理主義の考えが充満していること、そして二千年もの間そのようにして発展してきたということだ。

他方で、イエスの倫理は「条件付き」である。ただしそれは、イエスの倫理が超自然的にもたらされるであろう完全な状態の期待と分かちがたく結びついている、という意味においてである。[33]

このようにシュヴァイツァーは、イエスの倫理的な教えは絶対的なものではなく、すぐにも来ようとしている超自然的な神の国への期待という文脈の中でのみ意味をなす、と主張する。だが、シュヴァイツァーの提示する神の国も徹底的な二元論に基づいており、果たしてこのような二元論的思考が（彼の言うように）ユダヤ的なものと言えるのか、という疑問が残る。また、イエスが自らの教えを時限的・限定的なものと考えていた、というシュヴァイツァーの主張は学界を十分納得させたとは言えない。むしろ、イエスの教えの社会改革的な側面こそが重要なのだと考える学者たちが二〇世紀後半に数多く現れるようになる。

三　史的イエス探求の進展に伴う「神の国」理解の深まり　ブルトマン以降

シュヴァイツァーの研究によって明らかになったのは、イエスの宣べ伝えた「神の国」の研究は史的イエスの探求とは切り離せない、ということだった。イエスの語った「神の国」がユダヤ的なものであるとしても、第二神殿期のユダヤ教は決して一枚岩ではなく、それどころか多様性に富んでいた。そこで問題となるのは、イエスがどんなタイプのユダヤ人だったのか、ということである。シュヴァイツァーの言うように、イエスはユダヤ黙示的世界観に深く影響を受けて、世界の終焉が目前に迫っていると信じていたユダヤ人だったのだろうか。あるいは、イエスを黙示的預言者として理解するのはそもそも誤りなのだろうか。

シュヴァイツァー以降の「神の国」研究は、大別すれば三つの異なる方向で探求された。第一はブルトマンが提唱した「非神話化」である。第二は、イエスが黙示的預言者であることを否定し、非終末的に「神の国」を理解するというものである。第三は、「終末」という言葉の意味そのものを定義し直した上で、イエスを黙示的預言者として見る、というアプローチ(接近法)である。第三の方向は、主に英国の聖書学者たちによって展開されていったが、これについては次のセクションで扱う。以下では、第一と第二について考察する。

(一) ブルトマン　非神話化された「神の国」

ルドルフ・ブルトマン(一八八四—一九七六)は、ヴァイスやシュヴァイツァーによる黙示的な「神の国」理解をそのまま踏襲した[34]。つまり、神の国の到来とは歴史の終わり、物質世界の消滅を意味する、というものだ。そして、「人の子が雲に乗って来る」という表現は「神の国が到来する」ということと同義であると見なした。ブルトマンによれば、イエスも原始キリスト教徒たちもそのような理解を共有していた。ブルトマンは、「アーメン、あなたがたに言います。ここに立っている者の幾人かは、神の国が力をもって到来するのを見るまでは、決して死を味わうことがないでしょう[35]」という言葉はイエスではなく原始キリスト教徒らによる創作だと主張したが、これは世界の終わりが目前であると彼らが信じていたことを示している[36]。だが、紀元一世紀には世界の終わりは来なかった。それでブルトマンは次のように論じる。

神話的終末論は単純な理由から、もはや支持することは出来ない。それはキリストの再臨（パルーシア）が、新約聖書が期待するようには決して起らなかったからである。歴史に終止符が打たれることはなかったし、またどんな学徒も知っているように、歴史は続いていくだろう[37]。

しかしながら、ブルトマンはイエスの唱えた神の国をすっかり断念しようというのではなく、それを「非神話化」によって救い出そうとした。ブルトマンは次のように提起する。

私たちはイエスの倫理的な宣教だけを残して、終末的な宣教を捨て去るべきなのだろうか。私たちはイエスの神の国の宣教を、いわゆる社会的福音に還元すべきだろうか。あるいは第三の可能性があるのだろうか。終末的宣教と神話的語録の全体が、その神話的な装いの下にもっと深い意味を宿しているのかどうかを私たちは探求しなければならない。もしそうならば、その深い意味を保つことを願うがゆえに、神話的な概念を捨て去ろうではないか[38]。

ブルトマンは、イエスの神の国の使信が人々に決断を促すものだったという点を強調した。世の終わりが近いというイエスの使信に直面した人々は、この世の財産や地位などに頼るのか、それともこの世の与える保証をすべて捨てて神の恵みのみに頼るのか、という実存的な決断を迫られていた。現代社会に生きる人々も、イエスの時代の人々とは違った意味で決断を迫られている。現代人は核戦争などによって地球が滅ぶかもしれないという生々しい現実の下で生活を営んでおり、この世の提供する安全に頼るか、神に頼るのかという決断をしなければならない(39)。このような観点からは、イエスの使信は現代人にも意味深いものとなり得るし、さらにはあらゆる時代の人々にも適用しうるものとなる。つまり、イエスの使信から紀元一世紀の世界観の特殊性、神話的な外皮を取り除くことで(すなわち非神話化することで)、神の前に自らを投げ出すという決断への実存的な呼びかけという普遍的な核心部分が取り出せる、というのである。このように、ブルトマンの「非神話化」とは、ある意味で神の国の「非終末化」と呼ぶことができるだろう。

ブルトマンの「非神話化」は当時の神学界のみならず、広く一般社会にさえ大きな影響を及ぼした。しかし、ブルトマンのテーゼに対しては、次に紹介するクロッサンのような学者から、イエスを黙示的預言者として見るのは果たして正しいのかという疑義が呈せられるようになった。また、第二神殿期のユダヤ教を深く学んだ学者からは、イエスが黙示的な世界観を持つ人物だったとしても、ではユダヤ黙示的世界観とはそもそも何なのか、という鋭い問題提起がなされるようになっていった。

（二）クロッサン　仲立人（ブローカー）なしの「神の国」

ブルトマンは、イエスが黙示的預言者だったというヴァイスやシュヴァイツァーの前提を受け入れたが、この前提そのものが誤りだという批判がなされるようになった。すなわち、イエスを黙示的預言者と見なすべきではない、ということである。むしろイエスはユダヤ社会に根本的な価値観の転換・変革をもたらそうとした「知恵の教師」として見られるべきである、という主張がなされている。このような主張は、「イエス・セミナー」と呼ばれるグループの学者たちの間で多くの賛同者を得た[40]が、その中でも特に重要な学者がジョン・ドミニク・クロッサンである。クロッサンは、イエスを黙示的預言者と見なす根拠となってきた一群のイエス語録、特に「人の子が雲に乗って来る」という、再臨を指すと考えられてきたイエスの言葉の真正性を疑問視した。クロッサンによれば、イエスは自らと貧窮者との連帯を強調して、「われわれ貧しく窮乏した人間」という意味で「人の子」なる言葉を使ったのである。[41] イエスがダニエル書七章に描かれた、全世界の主権を授けられる「人の子」に自分を重ね合わせている言葉は、[42] イエスの死後に原始教会によって創作されたものだとされる。もしそうならば、シュヴァイツァーの提示した「黙示的イエス」像は成立しなくなり、イエスが語った神の国も黙示的・超自然的な王国ではなかった、ということになろう。クロッサンによれば、むしろイエスが語った神の国とは過激なほどの平等主義に基づく地上の共同体だった。イエスがこの徹底した平等主義の神の国を実践するために用いた象徴的な行動は二つだった。一つは「開かれた共食」である。

開かれた共食の実現、つまり、差別のない社会の縮図としての差別のない食卓の実現である「神

の国」は、古代地中海世界の文化および社会の、名誉と恥辱を軸とする基本的価値観と、まっこうから衝突する。(43)

もう一つの行動は「無償の癒し」である。古代ローマ社会はパトロン／クライアントという上下関係に基づく社会だった。富と権力を持つ社会上層部のパトロンが、クライアントたる下層階層に恩恵を与え、クライアントはパトロンを賛美することで恩義に報いるのである。そしてクライアントが有力者たるパトロンに近づくために、仲立ちをするのがブローカーである。イエスも癒しの力を持つものとしてパトロンになり、イエスの弟子たちは癒しを求める民衆（クライアント）に対し、彼らをイエスにつなぐ仲立人（ブローカー）の役回りを演じることもできたはずだ。だが、イエスは町々を常に移動することでそのような固定的な仕組みづくりを拒否した。

イエスにとって神の国は、誰もが既存の仲立人や固定した場所に媒介されることなく、相互に、また神と、直接触れ合うことのできる、非媒介的な徹底的平等を内容とする共同体なのである。(44)

このように、クロッサンによれば「神の国」とは地上にラディカルな平等社会を建設しようというイエスのヴィジョンを指し示す言葉だった。クロッサンはイエスの伝えた「神の国」の社会的な側面に、大切な光を当てた。だが、イエスの使信から終末的要素をすべて取り除こうという試みは、十分な説得力を持っているとは言えない。(45)そもそも、徹底的平等主義の神の国は、終末的な神の国と相いれないものではないだろう。終末的な神の国において、「貧しい者は幸い」だからである。そしてここでも、では「終末」とは何を意味するのかということが改めて問われてくる。

(三) タイセン　価値革命としての「神の国」

現代のドイツ新約聖書学を代表する学者の一人であるゲルト・タイセンは、社会学的な視点から洗練されたイエスの「神の国」の分析を提示する。タイセンは、紀元一世紀のユダヤ・パレスティナ地方が社会的・経済的危機に直面していたという事実を指摘する。危機を生み出した要因としては、飢饉、過剰な人口増加、所有の集中、税負担の増加が挙げられる[46]。これらの要因が相まって、社会階層の流動化(下流への転落等)・分断化という現象を生み出した。このような社会の危機的状況へのリアクションとして様々な革新運動が生まれたが、タイセンはイエスの「神の国」運動をその中に位置づけようとする。タイセンは革新運動の三類型として(a)クムラン教団に代表される「退避」型、(b)義賊のような「攻撃」型、(c)神の歴史への介入に頼るという意味での「依存」型、を挙げている。イエス運動は(c)に分類される。これら三タイプの革新運動に共通しているのは、富と所有の寡占化・集中化に向けられる批判である。クムラン教団では私有財産は否定され、すべてが共有される。さらには、財産共有よりも生産共有のほうが際立った特徴であった。義賊の行動に関しても、強制的な富者から貧者への財産分与と見なすこともできよう。イエスの教えにおいても、マモン(富)への批判は重要である。もっともイエス運動の場合はクムラン教団とは異なり、すべての信従者に全財産の放棄を求めたわけではなかった。これらすべての運動に共通するのは、分断された社会を富の再分配を通じて統合しようという目標であるが、その目標達成のための手段が大きく異なっていた。特に、イエス運動は神の支配の貫徹のために暴力を用いることを徹底して拒否した。むしろ人々の価値観に革命をもたらすことでそれを遂行しようというのだ。タイセンによれば、イエス運動は来りつつある神の国（神の支配）への道備えとして、人々の心に価値革命をもたらすものであった。

すなわちイエス運動は、神の王国の先駆けとして、ひとつの価値革命を遂行した。つまり社会上層の態度と価値を、いと小さき人々および脱落者たちが獲得したのである。権力、所有そして教養をめぐる貴族的な徳の数々は、つましい人々にアプローチ可能になるよう再定義された。同時に、人々との交流をめぐるつましい人々の価値観、すなわち隣人愛と謙虚さは、貴族的な自意識とともに提唱できるよう再定義された。本来の権力革命は神に期待された。神の王国において、貧者たち、飢える者たち、また苦しむ者たちはその権利を回復するに違いないと。(47)

タイセンによれば、イエス運動を担った人々は価値革命に留まらず、実際の社会の根本的変革（権力革命）をもたらす神の国の到来を待ち望んでいた。それはキリスト教第一世代の存命中に到来し、あらゆる地上的な支配を終わらせるであろう。(48)だが、実際にはそのような大変革は起こらず、イエス運動はより広いヘレニズム世界で祭儀宗教へと変容していったとされる。(49)

タイセンの研究は、当時のパレスティナの政治・社会的な背景を的確に捉えた大変優れたものである。タイセンはまた、イエスが語った神の国を概念や思想ではなく、メタファーとして理解すべきだと論じる。[50] そして「神の国」のメタファーは、神を父とするメタファーと結び合わされる。イエスは神の支配を父としての支配として描くことによって、当時の人々が抱いていた「神の国」のイメージを変容させていったとされる。

四　神の国と終末　ドッドとその後継者たち

これまでイエスの神の国を非終末論的に、あるいは社会学的観点から理解する主要な学者たちの見解を瞥見したが、以下では「終末」という言葉の意味そのものを問い直すアプローチを見ていく。この学統は主に英国のオックスフォード大学出身者によって形成されてきたが、特にドッドの影響が大きい。以下ではドッド、ケアード、ライトという三人の英国の新約聖書学者を取り上げる。彼らはみな大学教授であるのと同時に、教会教職も務めた。

(一) ドッド　実現した「神の国」

チャールズ・ハロルド・ドッド（一八八四―一九七三）は、長らく英国新約聖書学の重鎮として活躍した。ドイツの聖書学の動向に深い理解を示しつつも、独自の道をゆくという英国聖書学の特徴を体現した学者だった。ドッドの業績の中でも最もよく知られ、また後代に影響を及ぼしたのが「実現した終末論（Realized Eschatology）」である。ヴァイスやシュヴァイツァーと、ドッドとの違いをはっきりと示すのが「もしわたしが神の指で悪霊たちを追い出しているのなら、神の国はあなたたちのところに来ているのです（ἔφθασεν）[51]」というイエスの言葉の解釈の仕方だ。このφθάνωという動詞を「すぐそこまで来ている（がまだ到来していない）」とヴァイスは捉えるのに対し[52]、ドッドは「既に到来している」と解す[53]。ヴァイスやシュヴァイツァーによれば、悪霊払いは神の国の到来そのものではなく、その到来が間近であることの徴または前触れとしてイエスは見ていた。だがドッドによれば、神の国はもう来ているのだとイエスは主張した。

永遠にして遍在なる神について、あの時よりこの時のほうがもっと近くにおられるとか、あるいはずっと遠くにおられるなどと言うことはできない。神が王であるならば、神はいつでもどこでも王なのである。その意味で、神の国とは来るものではない。それはあるものなのだ。しかし、人間の経験は時間と空間という枠組みの中で起きる。人の体験の強さの度合いには幅がある。人の人生において、また人類の歴史において、常に真実であることが（それが普段は認識されないとしても）、明確にまた実際に真実となる特別の瞬間というものがある。歴史におけるそのような瞬間が、福音書の中に反映されている。神が人々と共におられること、それはあらゆる時と場所において真実なのだが、それが実際に真実となったのだ。それはイエスのもたらしたインパクトのゆえに真実となった（と私たちは結論付けなければならない）。イエスの言葉と行動のゆえに、神の臨在は異例の明確さで提示され、異例の力で働いたのだ。イエス自身が、彼の働きが神の国の到来の徴であることを指摘した。「もしわたしが神の指で悪霊たちを追い出しているのなら、神の国はあなたたちのところに来ているのです[54]」。

ドッドにおいて、神の国の普遍性・永遠性というダルマンの強調と、神の国をもたらすのは神のみであるとするヴァイスの主張とが絶妙に融合されている。このドッドの見解は、「実現した終末論」というよりも、「実現した神の支配（神の国）」と呼ぶ方が適切かもしれない。「終末」という言葉を「それ以降は何も起こらない終局の時」と定義するならば、「実現した終末論」は名辞矛盾となる。なぜなら、イエスがその宣教において「終末」をもたらした後も歴史は終わることなく続いていったからだ(55)。むしろドッドの言わんとしているのは、神の終末的支配がイエスにおいて開始された、ということであろう。それゆえ、彼の後継者たちは適切にも「実現しつつある終末論（realizing eschatology）」あるいは「開始された終末論（inaugurated eschatology）」という用語を用いるようになった(56)。

また、ドッドの主張の中でも特に注目すべきなのは、神の国の到来とは歴史上のある時点や特定の瞬間を指すのではなく、プロセスとして見るべきだ、とした点である。ドッドは次のように論じる。

> イエスの教えの中での神の国の到来とは、ある瞬間の出来事ではなく、彼自身の宣教、その死、それに続いて起こる事柄を含む、互いに関連した出来事の複合体であり、それらが統合的に理解されている。この複合的統合の中に、異なる視点が存在する余地があるのだ(57)。

イエスの宣教において終末的な神の支配の到来は既に実現し、しかもそれで終わることなく、復活、昇天、神の右への着座、そして聖霊降臨などの一連の出来事において進展し続けるという視座である。神の国研究におけるドッドの重要な功績は、その到来の時期について複眼的な見方を可能にしたことにある。
ドッドは、イエスによる神の支配の到来が、祝福と同時に裁きをもたらすものだという点を強調した。重要なのは、これまで一般的に再臨を指すと考えられてきたイエスの譬えが、イエスの同時代のユダヤ人たちにとっての危機の警告であることを明確にしたことだ。例として、以下の譬えを見てみよう。

腰に帯を締め、ともし火をともしていなさい。主人が婚宴から帰って来て戸をたたくとき、すぐに開けようと待っている人のようにしていなさい。主人が帰って来たとき、目を覚ましているのを見られる僕たちは幸いだ。はっきり言っておくが、主人は帯を締めて、この僕たちを食事の席に着かせ、そばに来て給仕してくれる。主人が真夜中に帰っても、夜明けに帰っても、目を覚ましているのを見られる僕は幸いだ。このことをわきまえていなさい。家の主人は、泥棒がいつやって来るかを知っていたら、自分の家を押し入らせはしないだろう。あなたがたも用意していなさい。人の子は思いがけない時に来るからである(58)。

ルカ福音書によれば、この譬えはイエスと弟子たちがエルサレムへ向かう旅の途上、イエスを待ち受ける受難について全く悟ることのない弟子たちに向けて語られた。受難どころか、その後の復活や高挙について何も理解していない弟子たちに対して、果たしてイエスはその先の再臨について警告したのだろうか。ドッドはこう解説する。

今や私たちはこう尋ねる、キリストの再臨がずっと遅れることについては何も知らないイエスの聞き手たちは、この譬えの情景から何を思い浮かべるだろうか、と。彼らはイスラエルが主の僕であるという考えに慣れ親しんでいた。特に、イスラエルの歴史において際立った人々、指導者たち、支配者たちや預言者たちは、特別な意味で主の僕だった。きっとイエスの聞き手は、当時似たような立場に置かれていた人々のことを考えただろう。祭司長たちや「モーセの座」を占めていた律法学者たちだ（マタイ二三・二）[59]。

つまりイエスが語った「不実な僕」とは、キリストの再臨前にだらけ切った生活をしているキリスト教徒たちのことではなく、イエスの初臨において神の召命に忠実でなかった人々、つまりイスラエルの指導部を指しているということだ。このように、イエスの譬えの多くは遠い未来の話ではなく、イエスの譬えを聞いたまさにその人たちがすぐにも直面するであろう裁きについての警告である、とドッドは指摘したのである。

ドッドの神の国についての議論は、英語圏を超えて幅広い影響を及ぼした。ドイツ語圏で特筆すべきは、先にダルマンのところで引用したヨアヒム・エレミアスである。だが以下では、同じ英国人でドッドの学説を批判的に継承していった学者を取り上げる。

（二）ケアード　人の子と「神の国」

ジョージ・ケアード（一九一七―一九八四）は最期の時までオックスフォード大学で教授を務め続け、

多くの優れた後続の学者を育てた。比較的寡作な学者だが、残した著作はいずれも佳作ぞろいである。(60)ケアードはヘブライ語が堪能で、旧約と新約のどちらも教えたが、それが彼の研究の強みとなっている。つまり彼はヘブライ語やヘブライ思想への深い造詣を持って新約聖書を読み解くことが出来たのである。ケアードの重要な貢献は、ユダヤ人の終末概念と、終末的なイメージを用いた言語とについて明確にしたことだ。ケアードは、イエスを含むユダヤ人の用いた聖書言語を考察する前提として、以下の三点を挙げた。

一　聖書記者たちは文字通り、世界は過去に始まりがあり、未来には終わりがあると信じていた。

二　彼らは通常、世界の終わりを表す言語を、実際は世界の終わりではないことをよく分かっている事柄を指し示すために隠喩的に（メタファーとして）用いた。

三　他の全ての隠喩の使用の場合と同様に、聞き手の側が直解主義的（literalist）な誤った解釈をしてしまうことや、話し手の側が隠喩の媒介（vehicle）と趣意（tenor）の違いを曖昧にしてしまうことの可能性に注意を払わなければならない。(61)

若干分かりにくい文章かもしれないが、理解を助けるために具体的な例を挙げて説明しよう。世界の終わりを表す言語を用いて、世界の終わりではない出来事を指し示す典型的なケースはエレミヤ書四章二三節である。

わたしは見た。
見よ、大地は混沌とし
空には光がなかった。

ここで使われている「トーフー・ヴァ・ボーフー（混沌として虚しい）」という言い回しは、創世記一章二節のみに用いられている。だが、ここではエレミヤは世界が天地創造以前の虚無の状態に戻ってしまうことを思い描いているのではなく、エルサレムが北からの脅威によって破壊されることを予見しているのだ。(62) 別の例として、イザヤもメディアによって滅ぼされるバビロンを指し示すために、宇宙的な破局のイメージを用いている。

アモツの子イザヤが幻に見た、バビロンについての託宣。
（中略）
天のもろもろの星とその星座は光を放たず
太陽は昇っても闇に閉ざされ
月も光を輝かさない。
（中略）
わたしは天を震わせる。
大地はその基から揺れる。

万軍の主の怒りのゆえに
その憤りの日に。(63)

ケアードは、同じようなことをイエス（あるいは福音書記者）がしているとなぜ言えないのか、と問う。イエスも旧約聖書の預言者たちのように、歴史上の驚天動地の大事件を鮮明に描き出すために、黙示的言語を駆使することが出来たのだとなぜ考えられないのか。そしてケアードは「小黙示録」と呼ばれるマルコ福音書一三章に着目する。以下にその一部を引用する。

イエスが神殿の境内を出て行かれるとき、弟子の一人が言った。「先生、御覧ください。なんとすばらしい石、なんとすばらしい建物でしょう」。イエスは言われた。「これらの大きな建物を見ているのか。一つの石もここで崩されずに他の石の上に残ることはない」。
イエスがオリーブ山で神殿の方を向いて座っておられると、ペトロ、ヤコブ、ヨハネ、アンデレが、ひそかに尋ねた。「おっしゃってください。そのことはいつ起こるのですか。また、そのことがすべて実現するときには、どんな徴があるのですか」。
（中略）
「それらの日には、このような苦難の後、
太陽は暗くなり、
月は光を放たず、

星は空から落ち、
天体は揺り動かされる。
そのとき、人の子が大いなる力と栄光を帯びて雲に乗って来るのを、人々は見る。そのとき、人の子は天使たちを遣わし、地の果てから天の果てまで、彼によって選ばれた人たちを四方から呼び集める」(64)。

ここでのイエスと弟子たちの会話は、エルサレムの神殿の破壊から宇宙の崩壊へと話題が一足飛びに飛躍していったように思われる。だがケアードはそのような読み方を批判して次のように論じる。

マルコ一三章は、イエスが神殿の破壊を予告し、4人の弟子たちはそれがいつ起きるのか、と尋ねるところから始まる。徹底的終末論［訳注　ヴァイスやシュヴァイツァーの立場］によれば、マルコは、このもっともな問いに対するイエスの答えを提示する代わりに、まったく異なる問いへの答えへと中身を変えている。つまり、「世界はいつ終わるのか?」という［弟子たちが全く尋ねなかった］問いに対する答えに変えてしまったのだと。けれども、マルコがそんな愚か者だと考えるのに十分な正当性があるだろうか。ごく自然な想定とは、マルコがこのイエスの講話を、次のことがいつ起こるのかという問いに対する答えだと見なしているということだ。すなわち、エルサレムへの破滅がこの世代の人々が生きている間に起こり、そしてそれが起きる時に、諸国を裁く大権を神から与えられた人の子が、雲に乗って来るのを彼らが見るだろうということだ（ダニエル七・一三、cf.ヨハネ五・二七、第一コリント六・二)[65]。

ここでケアードは、マルコ一三章が世界の終焉についてのイエスの予告だとする、それまでの通説的な見方に挑んでいる。イエスが「太陽は暗くなり、月は光を放たず、星は空から落ち、天体は揺り動かされる」と語っている時、彼は全宇宙の破局的終焉について話していたのではない。イエスは「エルサレム神殿の破壊」について、世界の終わりを表す言語(黙示的言語)を用いて語ったのだ。

ケアードの議論の中でもさらに注目すべきなのは、一般に「再臨」を指すと考えられてきた「人の子が雲に乗って来る」という言い回しの解釈である。この言葉はダニエル書七章から引用されたものだが、同書では「人の子のような者」は地上に来るのではなく、雲に乗って天に「来る」。人の子は、天において「日の老いたる者」から全世界の主権を授けられるのである。そしてイエスが自らをダニエル書の「人の子」と同一視したのなら、「人の子が雲に乗って来る」という言葉は「イエスが天において全世界の主権を授けられる」ということを意味するはずである。換言すれば、このフレーズが指し示すのは再臨ではなく高挙であるということだ。もしケアードの見解が正しいなら、いわゆる「再臨の遅延」問題を根本から問い直す必要が生じる。そしてそれは、イエスの神の国を理解する上でも極めて重要な視座を与えるものだ。

(三) ライト　回復的終末論と「神の国」

N・T・ライトは、今日おそらく最も広く読まれている新約聖書学者だろう。ケアードから博士論文の指導を受けたライトは、師の見解を継承しつつそれを発展させている。ライトの特徴は、「世界観」と「ストーリー」の強調である。ライトは世界観の持つ根源的な性格について次のように記している。

> 世界観は重要な、しかし目に見えない家の土台である。社会または個人は通常世界観を通じて物事を見る（しかし世界観そのものを見ているのではない）。世界観は人間が世界を認識するためのグリッドとなり、それによって人間は現実を体系化するのであって、現実の断片が自ずから組織化されるのではない[66]。

ライトはまず、キリスト教の母体となった第二神殿時代のユダヤ教の世界観を概観する。ライトによれば、ユダヤ人たちの世界観を支えていたのは「神は唯一であり、世界の創造者である（唯一神信仰）」と、「唯一の神が、自らの民としてイスラエルを選んだ（選び）」という二つの信仰であった。この二つの信仰は密接に関連し、必然的にある種の終末論を生じさせる。イスラエルの「選び」の目的とは、創造主である神が彼らを通じて行動し、堕落した世界を回復させることにある[67]。この世界の回復こそが「終末」であり、ライトはこれを「回復的終末論（restoration eschatology）」と呼ぶ[68]。ライトは、シュヴァイツァーらが議論の前提としていた、ユダヤ人たちが世界の終焉を待ち望んでいたという見方を批判する。

「神の国」の到来は世界が終焉を迎えることとは何の関係もない。世界終焉という考えは、基本的なユダヤ人の世界観ともユダヤ人の希望が言い表されているテクストともまるで整合しない。世界が火によって溶解するという信仰はストア派の考えであって、ユダヤ人のそれではない[69]。

ユダヤ人たちの世界観から生まれた終末論とは、世界の終焉への待望ではなく、世界が回復されることへの希望であった。そしてユダヤ人たちが世界観を表明するための最も自然で重要な手段とは、ストーリーを語ることだった。彼らのストーリーの内容とは、以下のようなものだ。

[ユダヤ人たちの]ストーリーは、創造主である唯一の神がどのように現れ、そしてイスラエルをご自身の特別な民として選び、そして神がどうやって最終的にイスラエルの栄光を回復し、それを通じて全ての創造された世界を神の意図する状態にまで導くのか、について物語っている[70]。

そしてユダヤ人たちが待ち望んだ「神の国」の到来とは、神がイスラエルを隷属状態から贖い、イスラエルを通じて世界を支配する悪の勢力を打ち倒し、そして真の礼拝のための聖所が回復されることだった[71]。つまり神の国とは、ユダヤ人たちの抱いていたストーリーを完結させるものだったのである。

このように、ライトのいうストーリーとは、フィクションとしての物語という意味では全くない。それは人間の持つ世界観を支える、不可欠な要素なのである。ストーリーはまた、人々が抱く根源的な問い、「私たちは誰なのか」、「私たちは何処にいるのか」、「何が問題なのか」、「その解決策とは何か」、これらの問いに対する一連の答えを提供する[72]。そして一世紀のユダヤ人が抱えていた問題とは、次のようなものだった。

何が問題なのか。私たちは誤った支配者たちに支配されている。異邦人の支配者と、彼らに迎合するユダヤ人の支配者だ。あるいは、半分だけユダヤ人の血が流れているヘロデとその一族は、その両方かもしれない。私たちは皆、理想からはほど遠い状況に置かれている[73]。

このような問題に決定的な解決を与えてくれるのが終末的な神の支配の実現であり、それはユダヤ人のストーリーに相応しいエンディングをもたらすだろう。ライトはイエスの神の国の布告を、このようなイスラエルのストーリーという枠組みの中で理解すべきだと論じる。

第一に、イエスがイスラエルの神の「支配」または「王国」について語った時、彼は意図的に自分自身も彼の聞き手もよく知っているストーリーの流れ全体を喚起した。第二に、イエスはユダヤ人たちに親しまれてきたストーリーのプロット（筋）をひっくり返し、変更する形で語り直したのである[74]。

イエスの狙いは、ユダヤ人たちによって抱かれてきたイスラエルのストーリーを語り直し、それによって彼らの世界観を修正し、自らの提示する新鮮な神のヴィジョン、新たな世界観を受け入れるようにと促すことにあった、とライトは論じる。そのためにイエスが特に選んだストーリーの形式が「譬え」であり、それは人々の抱く世界観を内側から揺さぶり、変容させるために際立って有効な方法だった。[75] その具体的な例として、ライトはよく知られたイエスの「種まきの譬え」を挙げる。

よく聞きなさい。種を蒔く人が種蒔きに出て行った。蒔いている間に、ある種は道端に落ち、鳥が来て食べてしまった。ほかの種は、石だらけで土の少ない所に落ち、そこは土が浅いのですぐ芽を出した。しかし、日が昇ると焼けて、根がないために枯れてしまった。ほかの種は茨の中に落ちた。すると茨が伸びて覆いふさいだので、実を結ばなかった。また、ほかの種は良い土地に落ち、芽生え、育って実を結び、あるものは三十倍、あるものは六十倍、あるものは百倍にもなった。[76]

ライトによれば、この譬えは当時のユダヤ人たちの待ち望んでいた「捕囚からの真の帰還」というメッセージを届けるものだった。ユダヤ人たちはバビロン捕囚から帰還した後もずっと異邦人の諸王国の支配を受け続け、隷属状態に甘んじていた。彼らはそれを「捕囚状態が続いている」と感じていたが、いつの日にか申命記三〇章に預言されている真の捕囚の終わり、祝福の時代が到来することを信じていた。

外敵に取り囲まれた小国は、ローマの軍事力とギリシャの文化的影響力がユダヤ人の国民生活を永続的に侵食していくのをひしひしと感じていた。そして、契約の神が現状を覆し、神自らがイスラエルの救いのために来られて再び彼らの中に住まわれる日が来ることを熱望していた。(77)

イエスは、「種蒔きの譬え」を語ることで、「我々は未だに異邦人による捕囚状態にある」というユダヤ人のストーリー・ラインが新たな局面を迎えていることを伝えようとしたのだ。

この譬えは、イスラエルの歴史がイエス自身の働きと共に、偉大なるクライマックス的な瞬間に到達したことを主張していた。捕囚の終わりはすぐそこだった。失われた種の時は過ぎ去ろうとし、収穫の時が始まっていた。契約は新たにされるだろう。ヤハウェご自身が民のもとに帰って来られるのだ。約束されていたように、彼らの心にみことばを「蒔く」ために、そしてついに彼らの繁栄を回復させるために。種まきの譬えは王国のストーリーを物語っている。(78)

他方でイエスは、ユダヤ人たちの思い描いていたストーリーのエンディングを過激に描き直した。多くのユダヤ人は、ダニエル書七章に登場する神の民を迫害する獣がローマ帝国であると確信していた。「捕囚の終わり」は、ローマ帝国が打ち倒されることによって実現されるだろう。たがイエスは、ダニエルが幻で見た「獣」とはそのローマ帝国と共謀し、真のイスラエル（つまりイエスとその信従者たち）を迫害するイスラエルの指導部なのだ、と示唆した。イエスの裁判において、彼が大祭司カイアファに対して語ったダニエル書七章からの引用、「人の子が雲に乗って来る」という予告について、(79)

ライトはこう語る。

この爆弾発言から聞き取ることの出来る他の意味合いの中でも、カイアファが間違いなく聞き逃さなかった点が一つある。もしヤハウェの民の真の代表としてのイエスの正しさが立証されるなら、そしてカイアファが目下のところ裁きの座に就いているのなら、カイアファと彼が代表を務める政治体制には好ましくない評価が下される。彼の法廷は真のイスラエルを迫害する邪悪な力の一部となり、そしてヤハウェがその民の正しさを立証する時に、彼とその政権とは打ち倒されるだろう。大祭司たるカイアファは、ヤハウェの民を迫害する恐るべき独裁者、新たなアンティオコス・エピファネスとなる。最高法院（サンヘドリン）は人の子イエスに対する第四の獣の役回りをする。この情景は、神学的にも政治的にも既に十分強力なのだが、そこに修辞的な側面が加わる。法廷の模様はあべこべになる。囚人が裁き手になり、裁き手が犯罪人として弾劾されるのだ。(80)

捕囚の終わり、そして神の国（神の支配）の到来は、イスラエルに恵みと裁きをもたらした。それは「権力ある者をその座から引き降ろし、身分の低い者を高く上げ」るものだった。(81)

だが、イエスによってもたらされた神の国は聖書のストーリーの最終幕ではなかった、とライトは論じる。イスラエルのストーリーはイエスにおいて確かに一つのクライマックスを迎えたが、そのストーリーはより大きなストーリー、「創造主とその被造世界」というストーリーの一部だからである。

それゆえイスラエルのストーリーの完結は、被造世界の完成へと向かう全ストーリーの最終章の幕開けとなるものだった。

イエスの死と復活によって幕引きされたストーリーは世界のストーリー全体ではなく、創造主の神の目的における極めて重要な局面のストーリーなのである。この局面が成功裏に結末を迎えたというまさにその理由により、世界の歴史は今やドラマの最終幕が演じられる劇場となったのである。(82)

五　結語

これまで、一九世紀におけるリッチュルからシュヴァイツァーに至るまでの「神の国」研究の流れ、それを引き継いだ二〇世紀から現在に至るまでの研究史を追っていった。そこで常に焦点となってきたのは、イエスにとっての「終末」とは何であるのかという問いだった。イエスは二元的な世界観を持ち、物質世界が消滅して超自然的な神の国が現れるのを待ち望んでいたのだろうか。あるいは、世界の終わりなどという考えは、イエスには思いもよらないものだったのか。それともイエスは「天でそうであるように、地においても神の支配が実現するように」と祈ったように、地上世界に神の支配が到来し、地が本来あるべき状態に回復されるという終末的な世界を展望していたのだろうか。現在の新約聖書学界においては未だに様々な見解があるものの、上記の三つの選択肢の中の、第三の見方が一つの有力な学説となっていると言えるだろう。

ひとたび「回復的終末論」という観点からイエスの神の国を把握すれば、その後の原始キリスト教運動において「神の国」がどのように咀嚼され、また発展していったのかという重要な問題について、新たな視座が得られよう。原始キリスト教の生んだ傑出した神学者、使徒パウロの書簡には「神の国」というフレーズはあまり登場しない（ローマ一三・一七、第一コリント四・二〇、六・九など）。だがN・T・ライトは、パウロにおいてもこの言葉は極めて重要であり、それはパウロのもう一つの重要語彙である「新しい創造 *καινὴ κτίσις*」（第二コリント五・一七、ガラテヤ六・一五）と共に考察されるべきものだと論じる。「ストーリー」は人々の世界観を支えるものだが、それはパウロにとっても同じだった。そしてライトによれば、パウロにとっての根源的なストーリーとは、「創造主なる神と被造世界とのストーリー」である。パウロの終末観はこのストーリーに深く根差したもので、それは「創造的終末論」とでも表現すべきものだ。

> 創造主なる神はついに被造世界を立て直し、すべての誤りを正して、ご自身の臨在で世界を満たそうとされている。これが「終わり」または「ゴール」、つまり「エスカトン」であり、それに向かって神は働いておられる。これが「終末論」であり、特に「創造的終末論（creational eschatology）」と言えよう。それは「グノーシス的な」終末論、すなわち創造の秩序が正されることよりも断念される未来を待ち望む終末論とは区別される。(83)

パウロ神学の「新しい創造」という壮大なヴィジョンは、この創造的終末論から生まれたものだ。そしてこの新しい創造において、キリストによって贖われた人々は神の支配（神の国）に参与し、被造世界に自由をもたらすだろう。それがローマ人への手紙のフィナーレである八章二一節の意味するものだとライトは主張する。

「被造物そのものは滅びへの隷属から自由にされ、神の子らが栄光を受ける時に自由を楽しむようになるだろう」というローマ書八章の箇所について、あまりにも多くの翻訳に反映されている二つの釈義的誤解を避けなければならない。第一に、「神の子らの栄光」とは、五章一七節と同様に、神の子らの栄光の支配または「統治」を指している。「栄光」を単なる「自由」の形容詞として、つまり二詞一意（hendiadys）であるかのように「栄光の自由」と解するべきではない。パウロがここで語っているのは、神の子らが「栄光を受ける」時、つまり支配する時に、全宇宙にもたらされる自由のことなのだ。そして第二に、被造物が神の子らの「栄光」を分け合うようになると想像するのは誤りである。被造物はまさにそれ自体が神の栄光の器である、イザヤ書六章のセラフィムの歌やハバクク書二章の預言者の約束にあるように。だが、パウロがここで語っているのはそのことではない。神の子らが「栄光を受ける」時、つまり遂に彼らに完全な受託者責任（stewardship）が与えられ、神ご自身の力と栄光とをこの世界に反映させるようになる時、被造物に自由が与えられるのだ。それは遂に被造物が真の姿になる時であり、彼らはそれを待ち望んできたのだ。被造物は神の子らの偉大なる「啓示」の時に、腐敗と滅びへの隷属から自由にされるだろう。その時には神の子らは復活し、キリストにあってまた御霊によって既にそうであるところの彼らの真の姿が示されるだろう。[84]

神の国の到来とは、キリストが地上を支配することだけを指すだけではない。キリストにある者たちが被造世界を適切に管理し、世話をし、そして支配すること、それが神の国の到来であり、新しい創造の実現なのだ。

参考文献

・一次文献

Charlesworth, J. H. 1983-1985. *The Old Testament Pseudepigrapha.* 2 vols. Garden City. N.Y.: Doubleday.

・二次文献

大貫隆『イエスという経験』岩波書店、二〇〇三年

小河陽『新約聖書に見るキリスト教の諸相』関東学院大学出版局、二〇一七年

廣石望『信仰と経験――イエスと〈神の王国〉の福音』新教出版社、二〇一一年

Borg, Marcus J. 1994. Jesus in Contemporary Scholarship. Trinity Press International. Valley Forge, Penn.　M・J・ボーグ『イエス・ルネサンス　現代アメリカのイエス研究』小川陽訳、教文館、一九九七年

Bultmann, Rudolf. 1953. *Kerygma and Myth.* Contributed by Bultmann, et al. London: SPCK.

———. 1958. *Jesus Christ and Mythology.* New York: Charles Scribner's Sons.　ルドルフ・ブルトマン『キリストと神話』

山岡喜久男・小黒薫訳、新教出版社、一九六〇年

Caird, G. B. 1980. *The Language and Imagery of the Bible*. Philadelphia: The Westminster Press.

Charlesworth, J. H. 2008. *The Historical Jesus: An Essential Guide*. Nashville: Abingdon Press. J・H・チャールズワース『これだけは知っておきたい史的イエス』中野実訳、教文館、二〇一二年

Chilton, Bruce. 1996. *Pure Kingdom: Jesus' Vision of God*. Grand Rapids: Eerdmans.

Crossan, John Dominic. 1994. *Jesus: A Revolutionary Biography*. San Francisco: Harper. J・D・クロッサン『イエス――あるユダヤ人貧農の革命的生涯』太田修司訳、新教出版社、一九九八年

Dalman, Gustaf. 1902. *The Words of Jesus considered in the light of post-biblical Jewish writings and the Aramaic language*. Translated by D. M. Kay: Edinburgh: T & T Clark.

Davies, W. D. 1996. *The Sermon on the Mount*. Cambridge: Cambridge University Press. W・D・デーヴィス『イエスの山上の説教』松永希久夫、教文館、一九九一年

Dodd, C. H. 1961 [1935]. *The Parables of the Kingdom*. Rev. ed., London: James Nisbet. C・H・ドッド『神の国の譬え』室野玄一・木下順治訳、日本基督教出版局、一九六四年

――. 1970. *The Founder of Christianity*. New York: The Macmillan Company. C・H・ドッド『イエス――キリスト教起源の探求』八田正光訳、ヨルダン社、一九七一年

France, R. T. 1990. *Divine Government: God's Kingship in the Gospel of Mark*. Vancouver: Regent College Publishing.

――. 2007. *The Gospel of Matthew*. Eerdmans: Grand Rapids.

Jeremias, Joachim. 1973. *Neutestamentliche Theologie: Erster Teil Die Verkündigung Jesu*. zweite Auflage. Gütersloh: Gütersloher Verlaghaus. ヨアヒム・エレミアス『イエスの宣教――新約聖書神学I』角田信三郎訳、新教出版社、一九七八年

Keener, Craig S. 2009. *The Historical Jesus of the Gospels*. Grand Rapids: Eerdmans.

Meier, John P. 1991-2016. *A Marginal Jew: Rethinking the Historical Jesus*. 5 vols. New Haven/London: Yale University Press.

Perrin, Norman. 1979. *Jesus and the Language of the Kingdom: Symbol and Metaphor in New Testament Interpretation*. Minneapolis: Fortress. ノーマン・ペリン『新約聖書解釈における象徴と隠喩』高橋敬基訳、教文館、一九八一年

Ritschl, Albrecht. 1870-74. *Die christliche Lehre von der Rechtfertigung und Versöhnung*. 3 vols. Bonn: Marcus.

Schweitzer, Albert. 1914. *The Mystery of the Kingdom of God: The Secret of Jesus' Messiahship and Passion*. Translated by Walter Lowrie. New York: Dodd, Mead and Co. A・シュヴァイツェル『イエスの生涯――メシアと受難の秘密』波木居斉二訳、岩波文庫、一九五七年

Stanton, Graham. 2002. *The Gospels and Jesus*. 2nd ed. Oxford: Oxford University Press. G・N・スタントン『福音書とイエス』松永希久夫訳、ヨルダン社、一九九八年

Theißen, Gerd. 2004. *Die Jesusbewegung: Sozialgeschichete einer Revolution der Werte*. Gütersloh: Gütersloher Verlagshaus. ゲルト・タイセン『イエス運動――ある価値革命の社会史』廣石望訳、新教出版社、二〇一〇年

Weiss, Johannes. 1971. *Jesus' Proclamation of the Kingdom of God*. Translated by Leander Keck. London: SCM.

Wright, N. T. 1992. *The New Testament and the People of God*. Minneapolis: Fortress. N・T・ライト『新約聖書と神の民』（上、下巻）山口希生訳、新教出版社、二〇一五―二〇一八年

———. 1996. *Jesus and the Victory of God*. Minneapolis: Fortress.

———. 2013. *Paul and the Faithfulness of God*. Minneapolis: Fortress.

注

（1）「神の国」は ἡ βασιλεία τοῦ θεοῦ の訳語であり、「神の王国」とする方が原語に忠実である。新約聖書の学術書においても、「神の王国」の方が一般的になりつつある。他方で、伝統的な「神の国」という訳語が日本では広く受け入れられている現状に鑑み、本論稿では「神の国」という訳語を採用する。

（2）「天の国」（ἡ βασιλεία τῶν οὐρανῶν）はマタイ福音書のみに用いられる表現である。日本語の「天をも恐れぬ」

と「神をも恐れぬ」という言い回しが同義であるように、「天の国」も「神の国」も基本的に同じ意味であると考えてもよい。「天の国」の方が、「神」という言葉をみだりに唱えようとしないヘブライ的な表現であるといえるだろう。

（3）Cf. Graham Stanton, *The Gospels and Jesus*. 2nd ed. (Oxford: Oxford University Press, 2002) 204.

（4）Cf. John P. Meier, *A Marginal Jew: Rethinking the Historical Jesus*. 5 vols. (New Haven/London: Yale University Press, 1991-2016) 2:237ff.

（5）Ibid., 238［山口訳］.

（6）Bruce Chilton, *Pure Kingdom: Jesus' Vision of God* (Grand Rapids: Eerdmans, 1996) ix［山口訳］.

（7）知恵の書一〇・一〇。以下では特に注記しない限り、引用には新共同訳聖書を用いる。

（8）旧約聖書および中間時代の文献の詳細な研究については、Meier, *op. cit.*, 243-70 を参照せよ。

（9）Cf. Chilton, *op. cit.*, 2.

（10）Ibid., 1-2.

（11）本論稿の内容は、月刊誌「舟の右側」に著者が連載中の「神の王国」に一部依拠している。

（12）Albrecht Ritschl. *Die christliche Lehre von der Rechtfertigung und Versöhnung*. 3 vols. (Bonn: Marcus 1870-74) 3.271.［山口訳］.

（13）「超自然的な（supernatural）」という言葉そのものが二元的な世界観（自然／超自然）を想起させるが、神の国が二元的な世界観に基づくものかどうかは本論稿で考察されるべき重要な問題である。

（14）Johannes Weiss, *Jesus' Proclamation of the Kingdom of God* (Translated by Richard Hiers and Larrimore Holland: Minneapolis: Fortress 1971) 101.

（15）「モーセの遺訓」一〇・一、五。

（16）だが、これを文字通りの宇宙崩壊を指す言語ととるか、あるいは象徴的な言語ととるかは議論が分かれる。この問題については特にケアードを取り上げる際に考察する。

（17）Weiss, *op. cit.*, 74.

（18）Cf. Ibid., 67-74.

（19）Ibid., 114.

（20）Rudolf Bultmann, *Jesus Christ and Mythology* (New York: Charles Scribner's Sons 1958) 13.

（21）Gustaf Dalman, *The Words of Jesus considered in the light of post-biblical Jewish writings and the Aramaic language* (Translated by D. M. Kay: Edinburgh: T & T Clark 1902) 94.

（22）新改訳聖書、二〇一七年からの引用。

（23）Dalman, *op. cit.*, 100.

（24）Ibid., 99ff.

（25）Ibid., 161-2.

（26）ヨアヒム・エレミアス『イエスの宣教――新約聖書神学Ⅰ』（門田信三郎訳、新教出版社、一九七八年）一九〇―一頁。

（27）ヴァイスの言うところの黙示的な終末論が本当にユダヤ的なものかは検討する必要がある。この点については後ほどさらに考察する。

（28）Cf. Dulman, *op. cit.*, 147-8.

（29）マタイ一〇・二三［山口訳］。

（30）Cf. Albert Schweitzer, *The Mystery of the Kingdom of God: The Secret of Jesus' Messiahship and Passion* (Translated by Walter Lowrie: New York: Dodd, Mead and Company 1914).

（31）Ibid., 97.

（32）Ibid., 102.

（33）Ibid., 99-100［山口訳］.

(34) Bultmann, *op. cit.*, 11ff.
(35) マルコ九・一。
(36) Bultmann, *op. cit.*, 14.
(37) Rudolf Bultmann, *Kerygma and Myth* (Contributed by Bultmann, et al., London: SPCK 1953) 5 [山口訳].
(38) Rudolf Bultmann, *Jesus Christ and Mythology* (New York: Charles Scribner's Sons 1958) 18 [山口訳].
(39) Cf. Ibid., 24-27; Bultmann 1953, 19-22.
(40) 「イエス・セミナー」については、M・J・ボーグ『イエス・ルネサンス――現代アメリカのイエス研究』(小河陽訳、教文館、一九九七年) 二二頁参照。
(41) J・D・クロッサン『イエス――あるユダヤ人貧農の革命的生涯』(太田修司訳、新教出版社、一九九八年) 九五―六頁。このような結論を導き出したクロッサン独自の方法論については、ボーグ、前掲書、七三―八〇ページに簡潔な説明がある。
(42) マルコ一四・六二。
(43) クロッサン、前掲書、一一二頁。
(44) 前掲書、一六七頁。
(45) 大貫隆『イエスという経験』(岩波書店、二〇〇三年) 一一―一六頁を参照。
(46) ゲルト・タイセン『イエス運動――ある価値革命の社会史』(廣石望訳、新教出版社、二〇一〇年) 二〇二―一四頁参照。
(47) 前掲書、三二九頁。
(48) 前掲書、二六八頁参照。
(49) 前掲書、三九四頁参照。
(50) 前掲書、三三〇頁以下参照。これに関連し、神の国は概念ではなく象徴だとしたペリンの見解も重要である。

ノーマン・ペリン『新約聖書解釈における象徴と隠喩』（高橋敬基訳、教文館、一九八一年）を参照されたい。また、メタファーについては廣石望『信仰と経験――イエスと〈神の王国〉の福音』（新教出版社、二〇一一年）の二九二頁以降を参照。

（51）ルカ一一・二〇［山口訳］（並行記事マタイ一二・二八）。
（52）Cf. Weiss, *op. cit.*, 66f.
（53）Cf. C. H. Dodd, *The Parables of the Kingdom* (Rev ed., London: James Nisbet 1961) 36-7.
（54）C. H. Dodd, *The Foundation of Christianity* (New York: The Macmillan Company, 1970) 56-7［山口訳］.
（55）Cf. G. B. Caird, *The Language and Imagery of the Bible* (Philadelphia: The Westminster Press 1980) 253.
（56）J・H・チャールズワース『これだけは知っておきたい史的イエス』（中野実訳、教文館、二〇一二年）二七八頁参照。
（57）Dodd, *op cit.*, 138［山口訳］.
（58）ルカ一二・三五―四〇、並行記事としてマタイ二四・四五―五一。
（59）Dodd, ibid., 119［山口訳］.
（60）邦訳されたものとして、G・B・ケアード『ルカによる福音書註解』（藤崎修訳、教文館、二〇〇一年）がある。
（61）Caird, *op. cit.*, 256［山口訳］.
（62）Caird, ibid., 259.
（63）イザヤ一三・一、一〇、一三。
（64）マルコ一三・一―四、二四―七。
（65）Caird, *op. cit.*, 266［山口訳］.
（66）N・T・ライト『新約聖書と神の民（上巻）』（山口希生訳、新教出版社、二〇一五年）一三三頁。
（67）前掲書、四六〇頁以降を参照。

(68) 前掲書、四八二頁。
(69) 前掲書、五〇五頁。
(70) 前掲書、一五四頁。
(71) 前掲書、五四二頁参照。
(72) 前掲書、第五章を参照。
(73) 前掲書、四三三頁。
(74) N. T. Wright, *Jesus and the Victory of God* (Minneapolis: Fortress Press, 1996) 199 [山口訳].
(75) ライト、前掲書、九〇頁以下を参照。
(76) マルコ四・三―八。
(77) ライト、前掲書、四八〇頁。
(78) Wright, *op. cit.*, 238-9 [山口訳].
(79) マタイ二六・六三―六五、マルコ一四・六一―六四、ルカ二二・六七―七一。
(80) Wright, *op. cit.*, 525-6 [山口訳].
(81) ルカ一・五二。
(82) N・T・ライト『新約聖書と神の民（下巻）』（山口希生訳、新教出版社、二〇一八年）九〇頁。
(83) N. T. Wright, *Paul and the Faithfulness of God* (Minneapolis: Fortress, 2013) 926 [山口訳].
(84) Ibid., 488-9 [山口訳].

第二章　賀川豊彦における神の国と教会

加山　久夫

一　なぜ「神の国と教会」なのか

イエスは神の国の切迫しつつある到来の告知者であった。彼の語る譬えも神の国についてであった。それゆえ、キリスト教の中心的メッセージは神の国であるはずであるが、その後の教会はイエスの福音をどう継承し、神の国をどう伝えてきたのだろうか。そもそもパウロにおいてどうだろうか。彼は、イエスとは対照的に、神の国についてあまり語ることはなかった。

しばしば、教会は神の国のひな型であると言われることもあるが、はたして世々の教会が神の国のリアリティを投影しているかどうかとなると、はなはだ疑わしい。では、教会の自己理解はどうか。教会の礼拝において唱和される「主の祈り」において、「み国（神の国）を来たらせたまえ、みこころの天になるごとく地にもなさせたまえ」と祈るが、われわれが祈る「地上にもたらされる神の国」とはいかなるものか。たしかに、それは神の主権を告白し、神の行為をもとめる祈りである。しかし、祈りが切なるものであるとき、祈る者も思いをそれに重ね、それへと行動することを促されるはずである。「主の祈り」はまた、個々のキリスト者の祈りであるとともに、礼拝共同体としての教会（「あなた方はこう祈りなさい」）の切なる祈りでなければならない。しかし、日本のプロテスタント教会は概して神の国を中心的なメッセージとすることはなく、したがって、神の国到来への信仰的傾注も、まして神の国建設への実践的熱意もないままに推移してきたのではないか。その中でも主流とされてきた日本基督教団において、いまなお「教会派」と「社会派」は対立したままになっている状況について、古屋安雄は、この不幸な二元論的対立に警鐘を鳴らし、神の国への神学的・実践的無理解にこその根本的原因があると指摘している(1)。

その意味において、賀川豊彦は、日本プロテスタント史において、神の国と教会を統合的に捉え、伝道と社会運動をいわば車の両輪として思索し実践した稀有な人物であった。

二　「神の国」の思想家・実践家としての賀川豊彦

賀川豊彦（一八八八―一九六〇）は牧師・伝道者、社会運動家としてその生涯を全うした。幼くして両親を喪った賀川は徳島において米国南長老派のローガン、マイヤース両宣教師と出会い、一六歳のとき洗礼を受けた。豊彦は彼らの人格と愛に触れ、「私は彼らを通じてイエスを見た。そしてイエスの道がよく分かってきた」と、後に、『イエスの宗教とその真理』（一九二一）の序にこのように述懐している(2)。彼はその頃、トルストイ、木下尚江、安倍磯雄などキリスト教社会主義者らの書物から多大の影響を受けていたが、その根底には「イエスのように生きたい」という動機があった。それが伝道者となる彼の召命感となったといえよう。同書は、賀川が神戸貧民街に生活と活動の拠点を置きつつ、関西労働運動の指導者として活躍していたころ、植村正久牧師に招かれて富士見町教会において行った連続講演を内容としたものであるが、彼はこうも述べている――「イエスの宗教は、俗の俗なる中に、神が人間を経験して、凡ての日常生活を聖くするといふのであった。宗教家であるのに、社会運動をするのは俗物だと或人はいふかもしれぬが、イエスの弟子であるから、私達は社会運動をするのである」（全集一、一五一頁）。

それゆえ、賀川が早くからアルバート・シュヴァイツァー（一八七五―一九五五）に関心をよせていたとしても、ごく当然なことであったと言えよう。新約聖書学者、オルガン奏者でありながら、医師としてアフリカの人々に奉仕していたシュヴァイツァーの生き方に賀川は自らの神戸貧民街での働きを重ねていたのではないか。もっとも、身近で、同じ徳島通町教会の教会員で、貧しさのなかでハンセン病患者に物心両面をもって奉仕していた森茂青年や貧しい人々に仕えた長尾巻牧師について彼は語っているが、シュヴァイツァーの英雄的な生き方について語ることはなかった。彼はむしろ、シュヴァイツァーのイエス伝研究に深い関心を寄せたのであった。

賀川は二〇〇冊を越える著作を書き残しており、キリスト教関係の著書も多いが、その中でキリスト教に関する唯一の学問的労作は『基督傳論争史』（一九一三）である。同書は、シュヴァイツァーが学位論文として執筆した大作『ライマールスからヴレーデへ――イエス伝研究史』（一九〇六）を約二〇〇頁に要約し、さらに英語圏のイエス伝研究および日本におけるキリスト伝を加えて、弱冠二五歳の賀川が「無学と貧乏と病気と繁忙の中で」刊行したものである。シュヴァイツァーはヨハンネス・ヴァイスのもとで、イエス伝研究史を通して、徹底的に未来の終末時に到来する「神の国」を宣教するイエスを提示しており、このような徹底的終末論に立脚するシュヴァイツァーと出会ったことは、若き賀川にとって幸いであったと言えよう。さもなくば、キリスト教社会運動家としての賀川は容易にリッチュルやハルナックなどの自由主義神学の影響を色濃く受けることになったにちがいない。確かに、賀川には聖書の読み方やキリスト教理解にリベラルな態度が見られるが、終生、米国南長老派の宣教師から教えられた正統的なキリスト教信仰が共存していた。リベラリズムと正統的信仰が共在し、統合されていたところに、賀川の独自性があったと言える。両者を二者択一のものと考える必要はない。

かねてからキリスト伝論争史のような書物を執筆したいと考えていた賀川は、「シュワイチェルと彼の事業に、多大の趣味と同情を持ち」、「殊に彼が引き起こした最近終末論〔切迫せる終末論――筆者〕の論争に関してはひとしほの興味を感じて居るものである」と語る。そして、凡例において、『進行的終末論』は私の意見であります。御批判くだされば、誠に結構だと存じます」と述べ、さらに、「『一歩前へ！』私は歴史の旋律に堪へきれない！　前列一歩前へ！　私は基督伝論争史の縦列隊より一歩前へ前進する」と聖書学にはなじまない賀川的表現で自らの「神の国」の終末論的見解を述べている。彼は、「進行的終末論」について次のように敷衍している。

わたしはどうしても神の国を抽象的のものと思ふことが出来ないのである。神の国は「顔を洗ひ、髪を梳くった人」の領域であって、常に「顕れ来る性質」のもの、一人一人が独立した、心で持つばかりでなく、我らが、衣食住をも祈祷しうるものである。イエスの神の国は内在的とか、未来的とかに別けて考へるは愚かな次第で進行的と考へれば善いのである。……。進行的と言うふのは発展的というのでもなければ、進化的と言うふのでもない。花火の口火をつけると火が心《ママ》まで伝わってゆくと言った様なものである。口火をつければ爆発したも同様である。唯時間的の差異のみである(3)。

つまり、神の国は未来のものであるが、神の国の到来は今やすでに開始している。神の国はまた、観念的ないし単に内面的なものでなく、日常の衣食住に関わるトータルな人間の救いを内容としている。要するに、賀川はこのように言いたかったのであろう。その後、イエス伝研究は新約学者の間で活発に展開され、イエスの神の国到来をめぐる終末論理解は、「実現された終末論」(C・H・ドッド)、「実現しつつある終末論」(J・エレミアス)など、さまざまな解釈が提示されてきている。シュヴァイツァー自身も、死後出版となった『神の国とキリスト教』の結びにおいて、「自ら到来する神の国に対する信仰をうしろに捨て、実現すべき神の国の信仰に身をささげることが、キリスト教界に課せられている(4)」(傍点筆者)と述べており、若き日の賀川の見解に一歩近づいているとも言えよう。

因みに、賀川が後にノーベル平和賞候補に推薦されたとき、シュヴァイツァーは推薦者となることに同意している。

三　賀川は聖書をどう読んだか(5)

キリスト者のキリスト教理解は聖書をどう読むかということと深く関っている。賀川はイエスと神の国への特別な関心をもったが、共観福音書に関心を集中していたわけではない。彼は聖書全体をよく読み、それぞれの書物の独自の内容をよく捉えてもいる。その点で、賀川の聖書解釈を特徴づけているのは、彼の聖書の社会学的研究である（『聖書社会学の研究』〔一九二二〕）。そもそも、当時、大学においても社会学の講座は僅か二、三を数えるのみであり、まして、社会学的方法を聖書研究や宗教研究に適用する研究者がほとんどいなかったことを考えると、注目すべきことである。神の言葉の聴き手の置かれている社会的状況への関心は、学問的動機より、神戸貧民街の人々や貧しい労働者や農民との彼の関りから生まれたものだったのであろう。賀川は本書について次のように説明している——「聖書社会学と云えば、少し題目が大きすぎる。私が以下述べようとする所は、社会学の一部分である応用社会学の方面の実である。私は聖書を、この角度から覗ふて、大体次のような順序で研究の歩を進めようと思ふ」と、本書の章立てを次のようにしている。第一章　モオセの社会学、第二章　預言者の社会学、第三章　詩編及び雑書に現れたる社会運動、第四章　イエスの社会学および社会運動、第五章　パウロ及び使徒達の社会運動。

賀川は、第一章において、「申命記ほど、貧民問題、奴隷解放問題について、また、社会正義、社会的秩序について、徹底した書物はあまりない」と述べ、それはイエスの山上の垂訓などに見られる思想に繋がっていることを指定する。次に、第二章において、イザヤを「社会的ユウトピアン」、アモスを「農民社会主義者」と呼び、それぞれの個性を見出しながら、預言者運動は共通して、神の立場から貧民問題、平和、人間の解放、社会正義を目標としているとする。イエスもそのような預言者にほかならなかった。ことに第三章は興味深い。「詩人は預言者であり、預言者はまた常に詩人的素質を有つ者である」と賀川は述べ、自らをそれに重ね、「繁忙な社会運動に疲れて、我々が帰ってくる処は矢張り詩であり詩編である」と語っている。事実、賀川は、『涙の二等分』(一九一九)、『永遠の乳房』(一九二五)などの詩集を出版した詩人であった。賀川においては預言者と詩人と社会運動は連続しているのである。本書の中心である第四章は「イエスの立場」「イエスと社会組織」「イエスと経済問題」に着目している。イエスの独自性は「神の国」運動にある。イエスの「神の国」は社会運動であり精神運動であった。イエスは一人の労働者(大工)であり、無産者、弱者、病者、娼婦の友として「神の国」運動を展開した。イエスはまた、パンのために祈ることを教え、経済問題や労働問題にも言及している。一日の終わりごろに雇用された人も等しく「最低賃金」を与えられるのである。貧民街に住む賀川は、パン問題の宗教化や貧しい労働者の生存権をそこから読み取っている。「パウロと経済問題」(第五章)については、パウロはイエスほど徹底していないが、社会の価値を転換したことに触れる。「パウロは教会を中心として救済運動に従事し、貧しき人を憐み、その中においては、奴隷と自由民とを表面的に区別しなかったのであった。これはイエスの精神にも悖らぬものであって、即ち之はイエスの神国主義の具体化に外ならない(6)」。ここには、なぜパウロはイエスほどに「神の国」について語らなかったかについての、一つの解が示唆されている。つまり、私見によれば、パウロが「（キリストのからだなる）教会」について語るとき、「神の国」について暗示的に語っており、「神の国」の現在《リアリティ》を示唆しているのであろう。

賀川はまた、旧約聖書がアブラハムからイエスに至るまで多くの人々の神への信仰の歴史を語るとともに（『神による信仰』一九二八）、『人類への宣言――新約の精神』（一九二八）において、新約聖書は「人類へのマニフェスト」であり、「神の人類への救いの宣言」であると述べる。新約聖書は人類への普遍的なメッセージなのであって、教会の枠内に閉じ込めてはならないものなのである。

四　神の国と贖罪愛の実践

賀川は、人はキリストの十字架死によって救いを与えられるとの贖罪信仰に立っていた。しかし、贖罪論を神学的に展開する関心は彼にはなく、ただキリストの十字架を見上げるだけの観念的な贖罪信仰にとどまることもしなかった。賀川はむしろ、贖罪愛を語った。贖罪と愛を結合した表現（redemptive love からの邦訳か）をしたのは、恐らく賀川が初めてではないか。それは一方的な神の愛である。「神の国」はより正しくは「神の支配」であり、それゆえ、「神の働き」にほかならない。本質的には「神の愛の働き」であり、「神の愛が支配する現実」である。賀川は、神のキリストによる贖罪愛のみでなく、贖罪愛の実践を語ることにより、贖罪愛への応答がなくてはならないものとしていたのである。賀川は彼の信仰と実践にとって中心的重要性をもつ贖罪愛の実践をしばしば「下座奉仕」や「尻ぬぐい」などと表現するが、これらをわざわざ神学的に論述することはしていない。

その点では、賀川から深い影響を受けた中島重《しげる》は賀川の思想と実践の基本を共有しており、賀川の思想と実践のよき理解者・解釈者であった(7)。賀川は同志たちとともに大正一〇年に「イエスの友会」（後述）を設立し、『雲の柱』誌を発刊していたが、同志社における賀川の伝道講演で「回心」した中島は、大正一四年、同志社において「雲の柱会」を設立、これは後に、賀川や杉山元治郎らの援助や指導を受けて、「同志社労働者ミッション」を設立、これは「日本労働者ミッション」に発展した。また、機関紙『社会的基督教』（月刊）において「神の国」、「贖罪愛」、「社会的基督教」などについて、同志らとともに論を活発に展開している。殊に、中島重は、『神と共同社会』(8)において「神の国」について、『社會的基督教の本質――贖罪愛の宗教』(9)において「贖罪愛」について独自の論を展開しており、賀川の神の国および贖罪愛の実践の思想をよりよく理解するためにも、小著ではあるが、再評価されるに値する著作であると思う。

賀川と中島によれば、「贖罪愛の実践」は神の国の内実であり、神の国実現のために、教会や個々のキリスト者をはじめ、すべての人に促されている。したがって、賀川と中島によれば、パウロがたとえ「神の国」という用語を多用していないとしても、「神の国」を目指すことにおいては、イエスと共通しているのである。

中島は贖罪愛を「社会化愛」とも呼ぶ。国家や教会も「神の国」実現を目指すべき存在とされており、したがって、「神の国」および社会――中島は究極的には、自然環境を含む「宇宙社会」について語る――はそれらより広い包括的概念である。中島によれば、国家も教会もそのために役割を与えられている「職能的団体」（functional association）なのである。

五　賀川の神の国運動

キリスト者賀川にとって、隣保事業（セツルメント）、労働組合、農民組合、幼児教育、無産政党樹立運動、協同組合、平和運動など幅広い社会運動はすべて神の国運動の一環として展開されるものであった。しかし、賀川の内に統合されていたと思われる神の国運動の思想と実践は教会の中でも、教会の外でも、よく理解してもらえなかったのではないか。その点では、隅谷三喜男は戦後における賀川のよき理解者であった。「労働運動も、農民運動も、無産政党運動も、消費組合運動も、すべて賀川にとっては「社会悪」との戦いであった」[10]。したがって、賀川が先駆的に関わったそれらの社会運動はすべて「神の国」建設のためのプログラムないし方法にほかならなかった。

しかし、革命思想に立つ社会運動家たちは非暴力・議会主義の立場で社会改造を目指す賀川を排斥するようになっていった。そして、「こうした社会運動に身をおけばおくほど、賀川は社会運動において解放されなければならない人間の、人間性自体の問題性につき当らざるをえなかった。自分の本来の、基本的な活動が、人間の魂の救済にあることを、思わざるをえなかった。ただかれは、魂の救済と生活の解放とを、分離することには賛成できなかったのである。（中略）キリスト教を単なる精神運動に限定していこうとするこのような傾向は、マイノリティ・グループとして、社会的に受動的な日本のキリスト教界には、とくに顕著であった。社会悪を身に負い、貧苦と病苦にさいなまれてきた賀川にとっては、このような二分法は存在の余地はなかった」[11]。

他方、「神の国」を教会のメッセージとして語りかつ実践してこなかった日本のキリスト教については、すでに触れたように、古屋安雄は『神の国とキリスト教』ほかでしばしば批判し、それをわが国キリスト教の抱える問題としている。

昭和初期、一九二九年から約三年に及んだ基督教連盟による「神の国運動」はほとんど例外的なものであった。もっとも、それは直接連盟によるものではなく、「賀川私案」に沿い、独立した実行委員会により実行された。「宣教七十年記念・神の国運動宣言信徒大会」において賀川は「日本教化の理想」と題してつぎのように語っている――「日本の現状を見ると絶望の声を凡ゆる場所に於いて耳にする。村に行けば村の嘆きを、工場に行けば工場の苦悶の声を聴き、漁村に行っても魚はとれない。(中略)深い絶望の声が溢れている。しかし、絶望するな。神は我々が絶望する時に、希望を備へ給ふ。聖霊は日本国土を蔽ふている。我々の要求するのは実行である。物を云はぬ代わりに、善きサマリヤ人の親切である。従って、これからの神の国運動は、農村に、役場に、街に、工場に、我々が無言の十字架を背負って帰ってゆくことである。我々はこの愛の運動にもう一度帰らねばならぬ(12)」。神の国運動は、明治以来のキリスト教会の歴史のなかで、もっとも成功した伝道活動の一つであったと隅谷は評価している。だが、賀川自身は、「神の国は失敗だったか?(13)」と、神の国運動展開中に問いかけている。軍国主義化する時局のもとでの困難のみならず、「教会それ自身が無頓着である」ことを批判している。

六　教会形成と社会活動

賀川豊彦は一九〇九年一二月に神戸貧民街に移り住み、救霊・救貧活動を始めた。貧しい人々の人間としてのトータルな救済が必要であると考えていたのである。それゆえ、彼は長屋の隣家に日曜学校と教会の活動を始めた。それは日本基督教団イエス団教会として今日に続いている。四貫島や西宮での活動拠点にも大阪四貫島教会や西宮一麦教会が設立されている。その他、社会福祉法人・学校法人イエス団に連なる賀川関係教会は多い。

賀川が関東大震災の救援活動の拠点とした本所（現墨田区）においては、本所イエス団教会（現東駒形教会）が生まれ、その後の生活と活動の拠点となった世田谷区上北沢には松沢教会が設立された。因みに、戦後すぐ、食糧難の時代に、松沢教会の敷地に町内の人々と協力して松沢生協を設立している。

その他、東京下町を中心に、賀川関係教会には戦前、砂町友愛伝道所（城東区）、友の家伝道所（向島区）、石原教会（本所区）、美邦伝道所（葛飾区）、戦後では、堀切教会（葛飾区）、袖ケ浦ともしび伝道所（江東区）、深川高橋教会（江東区）、深川愛隣教会（江東区）、青戸教会（葛飾区）などがある。(14)これら以外に、賀川が物心ともに応援した教会、さらに、伝道のために招かれた教会となると、数えきれないほど多数にのぼる。

賀川豊彦は社会運動家であったが、彼は生涯現役の牧師・伝道者として教会を愛し、教会に仕えた人であった。恐らく、社会運動に魂を入れるためには、教会が必要であるとの信念をもっていたキリスト者社会運動家であった。つまり、「神の国」実現のために働く教会である。賀川にとって伝道と社会運動は車の両輪であった。昭和一三年に米国メソジスト教会が撮影技師らのチームを派遣して「賀川の一日」（A day with Kagawa）を記録した際、米国の友人たちへのメッセージを求められた。彼はペンを取り"C. C. P"、つまり「教会と協同組合と平和」と書き、「行動するキリスト教と兄弟愛を実践する協同組合が共に働くとき、世界平和を実現することができる」と語っている。

七　イエスの友会

一九〇九年一二月二四日、賀川がひとり神戸貧民街に移り住んで、救霊・救貧の活動を始めた初期に「救霊団」（後にイエス団）を設立し、一年が終わると「救霊団年報」（傍点筆者）を発行している。恐らく、単独で慈善活動をするのではなく、いずれ仲間とともに活動を展開したいとの構想が初期段階から芽生えていたのではないか。そもそも教会がキリスト者の共同体であり、贖罪愛の実践を神から付託されているとすれば、それは個々のキリスト者の使命であるだけでなく、教会の使命でなければならない。確かに、日本の近代化の過程において先駆的な社会的貢献をしたキリスト者は少なくないが、それらは必ずしも教会の自覚的な働きとはなってこなかったのではないか。そこに日本の教会の問題があり、本書が問題として提起しているところである。

賀川の所属していた日本基督教会も例外ではなかった。それゆえ、一九二一年一〇月五日、日本基督教会の全国大会が奈良で開催された際、社会的関心の希薄な大会に憤慨した賀川は、小野村林蔵らとともに、イエスの友会を結成した。その基本理念は次の五項目の綱領に謳われている――（一）イエスにありて敬虔なること、（二）貧しき者の友となりて労働を愛すること、（三）世界平和のために努力すること、（四）純潔なる生活を貴ぶこと、（五）社会奉仕を旨とすること。

翌二二年一月、機関誌『雲の柱』が創刊され、イエスの友会が紹介されると、労働者、店員、会社員、教員など一般信徒が多く入会、信徒運動の趣を持つようになり、その後の賀川の社会運動への大きな力となった。超教派的な信徒運動としてのイエスの友会は講壇的キリスト教に批判的な賀川の「行動するキリスト教」理解に共感したものであったと言えよう。また、イエスの友会の人々はそれぞれの教会の忠実な会員であるとともに、賀川との交流や協働をとおしてキリスト者としてさらに広い世界へと育まれていったと言えよう。因みに、マーク・マリンズはイエスの友会について、日本のキリスト教会がごく小さなマイノリティであるにもかかわらず、日本社会における公共的場（public sphere）で活動した一例として紹介している[15]。

イエスの友会は社会に開かれた超教派的な信徒運動であった。ともすれば牧師中心主義的かつ各個教会主義的なわが国の教会において、イエスの友会の存在は注目に値するものであり、賀川の伝道活動および社会活動のよき理解者かつ協力者の集団であった。神の国の建設のために働くべき教会の使命を遂行するためにも、このような信徒運動は優れて現代的意義をもつと言えよう。

八　贖罪愛と自然神学

中島重が「社会化愛」（贖罪愛）を語るに際し、社会理解を「宇宙社会」にまで広げていることについては、すでに触れた。これについては、賀川は一〇代から最晩年に至るまで「宇宙の目的」について考え続け、宇宙とそれを構成する万物に神の働きを読み取っている[16]。

隅谷はバルト神学からの影響もあると思われるが、賀川のこの試みを失敗としている。だが、本書の意図を十分正しく理解しえなかったゆえの否定的評価であろう。聖書を貫く創造の神学の思想には、人類への普遍的な贖罪愛が語られている。それは被造物全体に及んでいる。稲垣久和はこの点に関連して「キリスト教という伝統宗教に特徴的な贖罪愛さらには万人に共通な自然神学は、賀川の中で見事に調和しています」、「彼の実践の根拠はキリスト教社会主義または社会的キリスト教と呼ばれるものではなく、贖罪の教理を世界の回復ないしは再創造の働きと結び付けたことにあります。また世界の働きのダイナミズムを見た贖罪神学と自然神学の融合にあるのです[17]」と述べており、この意味で、賀川の神学思想は再評価される必要があると思われる[18]。

九　協同組合運動と世界連邦運動

協同組合運動は賀川の多方面の社会運動を包括するものであり、彼は日本の協同組合の代表的指導者として「協同組合の父」と呼ばれている。賀川にとって、協同組合運動は「キリスト兄弟愛」を反映する神の国実現へのもっとも望ましい道であった。彼は、一九三六年、ルーズベルト政府のニューディール政策の一環として米国に協同組合を広げるために、協同組合運動の指導者として招かれた際に行ったラウシェンブッシュ講演において、つぎのように語っている――「今日ほど、キリストの教えが挑戦を受けている時代はかつてなかった。もし教会が社会において愛を実践しようとするのであれば、その存在理由はあるだろう。私は、信条だけで世界を救い得るとは考えない。信条が重要でないというのではなく、信条や教義とともに、社会での贖罪愛の適用が必要なのである」[19]。この講演は直ちに *Brotherhood Economics* として刊行され、その後、一七言語、二五カ国において出版された。しかし、人と人、国と国が助け合う協同組合運動による理想社会の形成や協同組合主義による世界平和の賀川の提唱について、彼はあまりにもナイーブで楽天的な理想主義者であると、ラインホールド・ニーバーは批判した。だが、この書物は多くの知識人にも広く読まれ、第二次世界大戦後のヨーロッパに生まれたEC（欧州共同体）構想（今日のEUに発展）にも影響を及ぼしている。また、賀川の指導のもとにわが国において各分野に大きく広がった協同組合の働きには目覚ましいものがある。もっとも、協同組合は巨大組織になればなるほど本来の理念に相応しい内部的自覚が求められるが。現在、協同組合は世界規模では一〇億人の組合員を擁するまでになっており、国連に登録されている最大級のNGOであり、二〇一六年一二月、ユネスコ無形文化遺産となっている。ドイツ政府の提言によるこの国際的評価は、日本社会では国やマスコミで注目されることはなく、したがって、一般市民にもほとんど知られていない。

最後に、賀川の神の国思想との関係において賀川の平和主義についてもひとこと触れておく必要があろう。賀川の平和主義は戦時下、国当局の圧力に屈して「転向」ないし「変節」したと指摘する研究者はいるが、事柄はそれほど単純ではなく、まだ今後の研究の課題として残されていると思う。賀川は戦前から世界平和のために軍備の撤廃を国内外に訴えていたが、戦後には世界国家を目指して世界連邦運動に情熱を傾けた。しかし、世界が冷戦時代に入るとともに、世界連邦運動の理想は人々の関心から遠ざかっていった。冷戦終結後になっても、逆に、民族や国家の間の対立はより広範になり、事態はより複雑化してきており、世界国家や世界連邦の理想は現実から遥か遠いものになってきた観がある。しかし、核戦争がますます現実の可能性となってきつつある時代に、逆説的ではあるが、世界連邦の理想や理念はますます重要になってきている。二〇一七年度のノーベル平和賞を受賞した核兵器廃絶国際キャンペーン（ICAN）は核兵器を「絶対悪」としている。賀川は戦後いち早く核兵器を毒ガス同様に「絶対悪」として使用を禁止されなければならないとした。もっとも、賀川は核の平和利用、つまり、原子力発電については肯定的であり、彼もまた時代の子であった。

一〇　結びにかえて

賀川豊彦の「神の国」理解については、まだまだ触れられるべき点があるが、紙面が尽きたので、拙論「賀川豊彦と『神の国』」（賀川豊彦記念松沢資料館編『日本キリスト教史における賀川豊彦——その思想と実践』新教出版社、二〇一一年）および拙論「日本キリスト教史における賀川豊彦——再評価は可能か」（『日本の神学』二〇一三年）をご覧いただきたい。

古屋安雄が、わが国の教会におけるいわゆる「教会派」と「社会派」の分裂には、教会が「神の国」に正面から向き合ってこなかったことに起因すると繰り返し指摘していることには先に触れた。この指摘は重要である。その点では、これまで述べてきたように、日本プロテスタント史において賀川はほとんど例外的存在であった。しかるに、神の国建設のため贖罪愛を実践するべく、十字架を負いつづけた賀川豊彦は、彼の時代においても今日においても、バルト主義から多大の影響を受けてきたわが国の教会——バルト自身は積極的に社会的関心を持つダイナミックな神学者であった——において正しく理解され、正当に評価されることはなかったのではないか。だが、むしろ、評価する側の座標軸にこそ問題があるのではないかと筆者は考える。井上良雄が『神の国の証人ブルームハルト父子——待ちつつ急ぎつつ』（新教出版社、一九八二年）を書き終えたのち、「ブルームハルトという人が、バルトという座標軸の中に納まりきるような人たちではないということ——むしろ、ブルームハルトという座標軸の中でこそ、バルトの問題も考えなければならないということが、次第に分かってきた」と述べていることが、そのまま、賀川豊彦とバルト神学の支配の下にあると思われるわが国の教会との関係について同様に言えるのではないだろうか。

注

（1）古屋安雄『神の国とキリスト教』（教文館、二〇〇七年）——「なぜ教会派と社会派とに分かれたのか。それは、『神の国』を言わないからです。教会派と言われている人たちは、いつも教会形成が一番大事だと言っているんです。しかし、この教会形成が自己目的化して（しまう）、自己目的化した教会というものは、私は神の国じゃないと言っているのです」（一六八頁）。

（2）『賀川豊彦全集』第一巻、一三六頁。

（3）同上、一三〇―三二頁。

（4）『シュヴァイツァー著作集』（白水社）第二〇巻、二七九頁。

（5）拙論「賀川豊彦と聖書解釈」、『東北学院大学キリスト教文化研究所紀要』第二三号（二〇〇五年）一―二三頁参照。

（6）『賀川豊彦全集』第七巻、八三頁。

（7）倉田和四生『中島重と社会的基督教――暗い谷間を照らした一筋の光芒』（関西学院大学出版会、二〇一五年）、特に、第三章「中島重が学んだ二人のキリスト教思想家――海老名弾正と賀川豊彦」を参照。

（8）中島重『神と共同社会』（新生堂、昭和四［一九二九］年）

（9）中島重『社會的基督教の本質――贖罪愛の宗教』（日獨書院、昭和一二［一九三七］年）。

（10）隅谷三喜男『賀川豊彦』（岩波現代文庫）一六六頁。

（11）前掲書、一六九頁。

（12）『雲の柱』一九二二年八月号。拙論「賀川豊彦と神の国運動」（『賀川豊彦学会論叢』第一四号、二〇〇五年所収）参照。

（13）『雲の柱』一九三三年八月号。

（14）戒能信生「賀川豊彦と日本のプロテスタント教会」（『日本の神学』五二号、二〇一三年所収）参照。

（15）Mark Mullins, "Religious Minorities and the Public Sphere: Kagawa Toyohiko and Christian Counterpublics" in Modern Japanese Society" in: *Religion, Culture, and the Public Sphere in China and Japan*, ed. A. Welter and J. Newmark, Palgrave Macmillan, 2017. pp. 173–203.

(16) 賀川豊彦『宇宙の目的』(毎日新聞社、一九五八年)(『賀川豊彦全集』第三巻所収)。賀川は本書においては「神」に言及することを意図的に避けている(二回のみ)。しかし、『神に就いての瞑想』(全集第一巻所収)においても「宇宙の目的」について述べており、両著作を重ね合わせて読むのがよいと筆者は考える。

(17) 稲垣久和『公共福祉とキリスト教』(教文館、二〇一二年)四九—五〇頁。稲垣久和「公共哲学から見た賀川豊彦」(『明治学院大学キリスト教研究所紀要』第四二号、二〇〇九年、所収)を参照。

(18) 拙論「日本キリスト教史における賀川豊彦——再評価は可能か」(『日本の神学』五二号、二〇一三年、所収)参照。

(19) Toyohiko Kagawa *Brotherhood Economics* (Harper & Brothers, 1936)(邦訳『友愛の政治経済学』コープ出版、二〇〇九年、一七頁)。

第三章　日本キリスト教史におけるキリスト教の公共性
経済人として生きたキリスト者たち

山口　陽一

一　はじめに

日本キリスト教史におけるキリスト教の「公共性」については、これまでにもさまざまな観点から論じられてきた。キリスト教受容の倫理的性格、社会の木鐸としての言論、福祉における先駆的活動など、いずれもが公共性に関わるものである。ここでは日本キリスト教史において比較的取り上げられることの少ない、経済活動におけるキリスト教の公共性について考察する。小田信士は、『幕末キリスト教経済思想史』において本多利明・司馬江漢・渡辺崋山・横井小楠を分析し、キリスト教倫理の理解なくしては、これらの洋学者によって形成された開国精神の真の理解はあり得ず、開国精神の理解なくしては明治維新の開明的精神史把握もあり得ないと論じた(1)。しかし、大日本帝国憲法と教育勅語により天皇制国体を明確にした日本は、富国強兵で脱亜入欧の道を突き進む。その過程で「公共」的価値はすべて国家に帰されることになる。その結果、キリスト教倫理における、国家を相対化する役割は抑制され、日本経済に与える影響もごく限られたものであった。そのごく限られた可能性を探ってみたい。戦後、飯沼二郎によって出版された沢崎堅造の『キリスト教経済思想研究』は、アジア太平洋戦争期のキリスト教的経済学の試みであり、矢内原忠雄は日本の植民地支配のあり方に激しく警鐘を鳴らした。また、賀川豊彦は経済の分野におよぶキリスト教の公共性を考える上で注目すべき「神の国」運動を展開し、"Brotherhood Economics"を著す。本書では、賀川豊彦と「神の国」運動が別に取り上げられるので、ここではキリスト教倫理の経済分野での公共的展開について、賀川以外の人々を考察する。

二　キリスト教倫理に基づく経営理念

明治のプロテスタント教会が旧士族によって担われたこと、彼らが教育や福祉などの分野で活躍したことは良く知られているが、実業界で活躍したキリスト者たちに光があてられることはあまりない(2)。「実業」とは、農林業・鉱工業・商業・水産業といった生産・経済に関する事業をいうが、日本におけるキリスト教との関わりは軽工業や商業分野に多く、農林業や水産業には少ない。戦中戦後の経済学者の一人である土屋喬雄(一八九六―一九八八)は、日本における経営理念の歴史を、江戸時代、明治・大正・昭和前期、終戦後の三時代に区分し、戦前と戦後では「社会的責任の自覚と実践」において大きな変化があることを指摘する。そして二四一頁をさいて「キリスト教倫理を基本とする経営理念」を取り上げ、戦前においては数少ない道義的実業家として森村市左衛門、波多野鶴吉、武藤山治、相馬愛蔵、大原孫三郎の経営理念を紹介している(3)。ここには日本のキリスト教の経済分野での公共的展開の可能性が垣間見える。しかし、日本のキリスト教界は、戦後日本を代表する経済学者である土屋が経営理念の研究において注目した程には、明治・大正・昭和前期におけるキリスト教倫理に留意しなかった。それは、こうした経済活動において果たされるキリスト教の公共的役割にまで思いが及ばなかったことを物語っている。

三　『信仰三十年基督者列伝』に見る明治前期の信徒の職業

まず、明治期のプロテスタント信徒の職業の傾向を概観しておこう。『信仰三十年基督者列伝』(一九二一年、警醒社)は、一八七〇(明治三)年から一八八八(明治二一)年の間に受洗し、一九一八(大正七)年当時信仰生活を続けていた信徒へのアンケートをまとめた、稀有にして重宝な書物である。回答者は八五六人、一八八八年当時のプロテスタント人口は二三〇二六人。その中の何人が三〇年後に存命で信仰生活を続けていたかは不明であるが、それを三分の一と仮定すると、その一〇%がアンケートに回答したことになる。入信時の職業を見ると、男性の場合三一〇人中一五一人が学生、次いで商業四四、教員三五、公務員二五、製造業一二、農業一二、会社員一一、医師五、工員二、その他一三である。女性の場合は、まだ女性が職業を持つ時代ではなく、主婦一二八、学生二二、教員六、商業二、看護婦二、その他一である。

人口比では八〇%を越える農業の割合が極めて低いのが特徴である。出身地とは別の地域で受洗したのが八五六人中三三〇人、出身地とは別の地域に居住は四六五人であることは、村落共同体を離れ得た人々にしてはじめて入信と信仰の継続が可能となったことを窺わせる。その意味で教員と公務員が多いのは頷けるところであるが、商業四四、製造業一二、会社員一一、これに学生一五一も加えれば、実業界で働くクリスチャンは少なくなかった。以下、明治前期の殖産興業の時代、すなわち近代資本主義の成立期から、時代を追って実業界に活躍した人々について見てゆくことにする。

四　文明開化とキリスト教信仰

太田愛人『開化の築地・民権の銀座――築地バンドの人々』（築地書館、一九八九年）は、明治前期の東京の躍動するキリスト者の群像を描いている。その中に経済活動もあった。

岸田吟香（一八三三―一九〇五）は、ヘボンの治療で眼病が全快したことから彼の助手となり、『和英語林集成』の編集を助け、一八六七年には汽船稲川丸で江戸―横浜間の定期便を始める。翌六八年には目薬「精錡水」の販売を開始、同年には新聞『横浜新報もしほ草』を創刊、七三年から東京日日新聞主筆、七五年からは楽善会訓盲院（現筑波大学附属視覚特別支援学校）設立に尽力、銀座二丁目に楽善堂薬舗を設立して精錡水の製造販売に成功した。岸田はさらに楽善堂の事業を中国に展開し、日清貿易研究所（東亜同文書院の前身）を設立する荒尾精を支援した。画家の劉生、演出家の辰彌は子である。

原胤昭（一八五三―一九四二）は、江戸の与力の家を継ぎ、元和の大殉教の殉教者原主水の子孫であることを入信の一つの動機とし、一八七四年にC・カラゾルスから受洗する。一八七六年に原女学校（女子学院）を創立、銀座三丁目に「十字屋」を設立してキリスト教書出版販売を行う。自由民権運動に関わり、新聞紙条例に触れて石川島に収監されたことからクリスチャンとして最初の教誨師となり、出獄人保護の活動では数千人を保護した。

岸田や原の事業は、いかにも文明開化期のキリスト教受容に伴う経済活動であり、経済活動そのものより、それによってもたらされる文明社会や伝道に関心がある。それでも岸田が眼病の癒しから目薬の製造販売と盲人教育に着手し、日本と中国の共栄までも画策したのは注目に値する。また、原が商売と社会事業とともに教育に貢献したことは、その後のクリスチャン起業家が教育にも貢献して行く先駆である。

五　殖産興業と欧化主義を担う田舎紳士クリスチャン

徳富蘇峰が明治二〇年代に展開した「田舎紳士」論は、近代日本社会における西洋化とナショナリズムの間に現れた独立自営民への期待を込めたものである。こうした田舎紳士を含め、各地でクリスチャンの新たな経済活動が生まれる。

一八八七年設立の津軽藤崎教会は九一年に美以（メソヂスト監督）教会最初の自給教会となる。会員にはリンゴ生産の敬業社を興す佐藤勝三郎と、酒造業を廃して禁酒運動に邁進、敬業社に協力した義弟の長谷川誠三らがいた。長谷川は日本石油の創立に参画し「津軽の産業王」と称され、弘前学院や東奥義塾の再建を支援している(4)。

上州安中の醤油醸造業者湯浅治郎は、一八七八年に新島襄から洗礼を受け、安中教会設立に加わる。群馬県会議長を務め公娼廃止を実現し、九〇年には第一回国会議員に選出されるが、新島の急逝を受けて同志社の経営にあたり、日本のプロテスタントを経済人として下支えした。湯浅についてはピューリタン的職業観をもって活躍した代表的な人物として次項で詳述する。群馬では原市の宮口二郎、伊勢崎の野村藤太、吾妻の山口六平らが県会や国会で活躍し、実業人としては製糸業の隆盛に寄与した。メソヂストの島村教会は蚕種業者を主なメンバーとした教会であり、前橋の深沢利重はハリスト正教の製糸業者である。深沢は日露戦争に際し『日露時局論』を著し、戦争は投機的行為であるとして実業家の立場からこれに反対した。戦争の勝利は、国民の倫理的堕落を招くだけである、という論は堅実である。高崎教会からは日銀総裁、深井英五（一八七一―一九四五）が出ている。

摂津第一公会（神戸教会）の鈴木清、摂津三田教会の沢茂吉らは赤心社を組織して一八八一年から北海道浦河に入植、開拓事業を進めた。北海道はアイヌモシリ（アイヌの大地）への大和民族の入植と開拓により発展するが、その中核を担ったのが札幌農学校である。キリスト教精神は北海道開拓事業の一翼を担ってゆく(5)。

岡山ではプロテスタントの教育と医療分野での活躍が目覚ましい。倉敷の薬種商林源十郎（一八六五―一九三五）は同志社に学び一八八七年岡山教会で受洗。石井十次を支援し、彼に大原孫三郎を紹介する。同志社は「一国の良心」となる有為な卒業生を、社会事業や経済活動に送り出している。

群馬と岡山は、日本組合基督教会が伝道と社会活動を展開した代表的な地域となる。そこではキリスト教信仰と先進的な地域産業が結びつき、キリスト教倫理に基づく人道的な社会活動と教育を推進するため、クリスチャン政治家が活躍した。次項では、同志社の良心教育を新島から継承し、日本組合基督教会にあって政治家、経済人、大学経営者として活躍した湯浅治郎について見ることにする。

六　代表的な実業人クリスチャン湯浅治郎

一八八七年の統計によれば、群馬県の信徒数は、東京、大阪、神奈川、兵庫についで全国第五位、府県人口一万人あたりの信徒数は、第四位（一四、八人）である。開港地を持たない県としては異例のことである。これは新島襄が両親の住む安中に伝道し、安中教会が成立したことに起因する。同志社から熊本バンドの人々が牧師や教師として赴任し、日本組合基督教会が発展した。[6] 安中教会の中心的な信徒となった湯浅治郎（一八五〇―一九三二）は、群馬県議会で全国初の公娼廃止を実現し（安中時代）、国会に進出し基督教青年会と『六合雑誌』、警醒社、民友社を支え（赤坂時代）、新島の死を機にそれまでの経歴を擲って同志社の経営にあたり（京都時代）、晩年は東京に戻って安中教会を支えた（初台時代）。

湯浅治郎は、上州安中で味噌醬油醸造業を営む有田屋に、名字帯刀を許された湯浅治郎吉・茂世の長男として生まれた。湯浅は厳井友之丞の家塾（松井田の桃渓書院）で漢学と算術を学び、家業を継ぎ一七歳で原市の真下茂登子と結婚、一九歳で長男を得ている。味噌醬油の醸造販売、横浜に出て南京米や魚油の輸入、津田仙による人工花粉交配の媒助法の実験、蚕種の製造販売なども手掛け、一八七一年には藩命で勘定奉行に同行して京都の旧藩邸を処分、同年、アーモスト大学シーリー来日時に、新島の父母を伴い麻布善福寺の米国大使館を訪ね、一八七四年には横浜の高島学校で英語を学んでいる。湯浅の最初の重要な業績は、一八七二年に有田屋に設けた便覧舎である。同年文部省による東京書籍館と京都の集書院が設置されているが、私設の公開図書館としては全国初であった。蔵書は東京、横浜で買い集めた和漢洋書・雑誌三〇〇〇冊で、福沢諭吉の書物やアメリカの雑誌などが無料で閲覧できた。後年、治郎の弟吉郎（半月）は京都図書館長となり、日本最初の児童図書館を開設する。惜しむべくは一八八七年の安中大火で焼失し、「便覧舎址」の碑のみが建てられている。

新島襄は、一八七四年にアメリカン・ボード宣教師として帰国し、一一月二六日に横浜に到着、二八日に安中の両親に帰着の挨拶をすると、さっそく伝道を始める。最初の聴衆は旧士族、それも中士層といわれる階層で、門閥による上士層を凌いで幕末期の指導権を握った人々と農民たちであった。その中心に藩医千木良昌庵と湯浅治郎がいた。一八七七年七月に海老名弾正が派遣され、翌一八七八年三月三〇日、有田屋の便覧舎で安中教会の建会式が行われた。最初の受洗者は三〇名で湯浅は三人の執事の一人に選ばれる。

湯浅は一八七九年に郡書記となり、一八八〇年には第一回県会議員選挙で県会議員となった。群馬県会には伊勢崎教会の野村藤太、原市教会の宮口二郎、甘楽教会の斉藤寿雄などクリスチャンが多い。この年、入会地をめぐる「秣騒動《まぐさ》」で頭角を現し、一八八一年には県会議長となる。同年、岩倉具視を中心に一六人が発起人となって設立した日本鉄道会社の理事となり、一八八三年には碓氷銀行を設立した。群馬の廃娼運動は、湯浅治郎の義兄、原市の漢学者真下珂十郎が一八八〇年に娼妓廃絶建議案を県議会に提出したことに始まる。真下は遊里の存在が地域の青年に与える悪影響を指摘し、上毛一帯の養蚕農家や製糸業者の賛同を得る。一八八二年、群馬県議会は湯浅議長提案の廃娼決議案を四五名中四三名の賛成で決議し、全国初の廃娼を表明、県令楫取素彦は八八年をもって県下の公娼全面廃止を通達したが、ここに貸し座敷業者の猛烈な巻き返しが起り、後任の佐藤与三県令は廃娼を延期する。これに対し県議斉藤寿雄（甘楽教会）は医師の立場から廃娼を訴え、前橋の石島良三郎や青柳新米、群馬郡の住谷天来ら青年クリスチャンたちが中心となって一八八九年に結成した上毛青年連合会は、機関紙『上毛之青年』による廃娼論を展開し、中村元雄知事のとき、一八九三年に廃娼が断行された(8)。

一八八八年には前橋英和女学校が、前橋教会を中心に群馬の日本組合基督教会とアメリカン・ボードの支持を得て開校された。湯浅治郎は新島襄、海老名弾正と共に発起人となり、同校は一八八九年に上毛共愛女学校（現共愛学園中学高校）と改名している。

湯浅は、群馬県議会議長を務め（一八八〇―九〇年）、第一回国会議員に選出され、以後第三回まで連続当選している（九〇―九二年）。この間の一八八〇年、東京基督教青年会の『六合雑誌』を創刊し、一八八三年の第三回全国基督教信徒大親睦会を受けて警醒社を創立する。植村正久『真理一般』（一八八四）と小崎弘道『政教新論』（一八八六年）は、気鋭のキリスト教弁証論の嚆矢であるが、これは執筆料を前払いして湯浅が書かせたものである。雑誌『東京毎週新報』（のちの『基督教世界』）、浮田和民『経済の原理』、義弟徳富猪一郎（蘇峰）の『将来之日本』（一八八六）を世に出し、民友社の『国民之友』では表紙・挿絵・広告にも貢献している。湯浅は霊南坂教会の土地を工面して小崎の伝道を励まし、蘇峰の言論を支えていた。一八八三年の全国基督教信徒大親睦会の幹部の集合写真は、伝道者・教育者たちの中にあって、生涯を実業人として生きた湯浅の存在感をよく伝えている。

一八九〇年一月二三日の新島襄の死は、湯浅治郎の生涯にも一大転機となる。小崎弘道は同志社社長として赴任し、湯浅はそれをサポートする財務担当の社員として働き、蛤御門前に居を設け、一八九二年には一家で京都に転居する。この際、次男三郎を有田屋の相続人とし、一五年年賦でこれを弁済することにし、三郎は一一年でこれを完済する。こうした堅実な家業の継承は湯浅のピューリタン精神のなせるところである。

湯浅は、国会議員、日本鉄道会社取締役、東京における基督教青年会や民友社の働きをすべて他に委ね、同志社の維持発展に二〇年（社員・理事は二七年）尽力する。同志社の資産を実質的にミッションから学校に移し、現在の校地を拡張確保し、新島亡き後の同志社の様々な内紛、たとえば宣教師たちと小崎弘道の神学的な対立などを乗り越えて行く。この間の働きを湯浅はまったくの無給で果たしている。湯浅の生涯の働きとして最も困難で地味で報いのない二〇年間は、しかし、もっとも湯浅らしい働きの期間である。

一九一〇年から東京に戻った湯浅は、一九一五年に初台に家を建てる。日清戦争の折、湯浅は京都から群馬に戻り、私費一〇〇〇余円を費やして軍事公債公募のために奔走している。また、日露戦争に際しては、日本鉄道会社国有化に伴う慰労金を義勇艦隊に寄附している。しかし、朝鮮強制併合後の組合教会による朝鮮伝道には柏木義円、吉野作造と共に真っ向からこれに反対し、軍国主義とそれに同調する組合教会を戒めている。

安中教会牧師柏木義円の『上毛教界月報』を終生支援し、柏木も同紙上で同志社における湯浅の活動を支援していた。東京に戻ると月に一度は安中教会の礼拝に駆けつけ、一九一九年に新島記念会堂の献堂に際して、また死を前にして教会堂の維持と牧師のために多額の献金をもってこれを支援した。安中教会は最初から自給自立の教会であり、その精神を新島から受け継いだのは柏木義円であるが、影で物心両面を支えたのは湯浅治郎だった。

湯浅治郎は、家業を家族に継承し、自らは県政と国政に携わりながら経済人として教会とキリスト教教育、社会事業、キリスト教ジャーナリズムを支え、その生涯をキリスト教的な倫理観を持って生きた代表的な人物である。

七 「教育と宗教の衝突」期に起業したクリスチャン

一八九〇年代は、「教育と宗教の衝突」論争を契機にキリスト教批判が強まり、教勢は停滞する。そのような時期にもクリスチャンの起業がなされている。ここでは土屋喬雄が取り上げた経営者たちを中心にキリスト教的な倫理観をもって起業し、経営者となった人々を取り上げる。

森村市左衛門[9]（一八三九―一九一九）は、江戸の土佐藩用達商の家に生まれ、戊辰戦争では政府軍に兵器と糧食を調達する一方、横浜で外国人に生糸を販売して財をなした。一八七六年、アメリカと貿易を始め、森村組（ノリタケ）を創立した。八二年、日本銀行設立により監事に就任、九四年第六代森村市左衛門を襲名する。九七年森村銀行を創立、成瀬仁蔵により創設された日本女子大学に豊明寮を寄贈、北里研究所を支援し、一九一〇年には私立高輪幼稚園および同尋常高等小学校を設立、渋沢栄一、姉崎正治、成瀬らと、諸宗教の相互理解を図る帰一協会を設立した。初め仏教に関心を示したが、やがてキリスト教に近づき、一九一七年、『鉄窓の二十三年』の著者、好地由太郎から受洗、救世軍の活動にも貢献した。遺言には盛葬の禁と医学研究のため遺体を解剖することが記されていた。

森村は、戊辰戦争の調達、安政の大地震からの復興、唐物屋商売と、何をしてもまじめに顧客を喜ばせる気質を持っていた。また、四国の銅山、製塩事業、土佐物産、小樽の漁業など一八七二年頃まで多くの事業に失敗するが、正直に謝ることで顧客の信頼を得ている。あるいは御用商人として進物を要求されると政府の御用達（馬具製造）を返上して悔いない正義感の持主である。そこには福沢諭吉の精神があった。森村は以下のように回顧している。

「民権が起こらなければ国が興るものでなく、商人が国の中心にならなくては、国が栄えるものでないといふような事を聞かされて、それに依って私は始めて時勢といふものがわかった」（回顧談）。「国民は決して政府といふ御者に追ひたてられる馬車馬ではありません。何れかと言へば、国民の方が、主人であるのです」（「至高の説話」）。

慈善についても森村の理解は深い。「慈善と言ふ事は、それは他人から見て、寄附した人の徳を賛する言葉で、富豪自ら慈善を施した等と、考へて自惚れると大なる間違ひが出来易いのである。是非共お互に財産を集めると共に、それを有効に社会に分配して同胞と共に楽しむ、といふ心懸けになりたいもので、左様なれば益々多く分配すれば、益々必要な財産を集めたくなり、不正なことをしては心配するに心苦しいから正々堂々集めるやうになって、子孫のためにも不幸となるやうな感化を及ぼす事はない」（「斯かる悪風潮は一掃したし」）。

進取の行動力で異母弟の豊を渡米させ、正直・親切・勤勉に「薄利多売」を貫いたことが成功につながる。土屋は森村の経営理念を、積極主義・進取主義、信用と公益性と見て、これが薄利多売に結びついたと見ている。森村曰く、「詰まる所他人の利益、他人の為になると言う事を常に心に懸けて居れば必ず儲かるのです」。

森村の場合、このような精神がキリスト教への入信を促した。森村組は日本陶器合名会社となり、ノリタケ、TOTO、日本ガイシ、日本特殊陶業、森村商事、大倉陶園を含む森村グループとなっている。

広岡浅子（一八四九―一九一九）は、京都油小路出水の三井家に生まれ、一七歳で大阪の両替商、加島屋広岡信五郎の許嫁となる。加島屋は、幕末には各藩などに九〇〇万両（約四、五〇〇億円）を貸付けていたという。女に学問は不要と読書を禁じられた時代に独学で簿記や算術を学び、明治維新の動乱と困難の中で加島屋の事業を背負って立つことになる。一八八四年頃炭鉱経営に乗り出し、一八八八年頃加島銀行を設立、綿花の広岡商店を開業し、尼崎紡績（現ユニチカ）創設に参加、一九〇二年には大同生命設立にその手腕を発揮した。保険という、まだ事業として成り立っていない分野に、互助の精神を実現すべく着手したことは注目に値する。また、成瀬仁蔵と出会い、一九〇一年に日本女子大学を設立する。一九〇四年に夫が逝去すると娘亀子の夫（一柳）恵三（妹は満喜子、その夫はヴォーリズ）に経営を譲り、還暦の大病を契機に一九一一年のクリスマスに大阪教会で宮川経輝牧師から受洗、YWCAなどで社会貢献に奔走し一九一九年に召天した。大隈重信は浅子を評し、「人生の艱難は浅子を玉成し、ついに浅子をして稀有の女傑たらしめたのである。（中略）浅子は女ではあるものの、恐らく三井十余家の人物中で、最も秀でた人であろう」と言っている。

広岡浅子は「九転十起生」と号し、洗礼から六年後、召天の前年に『一週一信』(10)を著している。「キリストに救われてここに十年、単にわが身の安心立命をもって足れりとせず、国家、社会の罪悪をその身に担うてこれと闘うにあらざれば、真に十字架を負うてキリストに従う者にあらざるを悟り、人を恐れず、天の啓示を仰いで、忌憚なき叫びを挙げたものであります」。第一次世界大戦後の世界について彼女は言う。「私どもは今やこの誤れる時代遅れの軍国主義に対して戦いを挑むべき時ではあるまいか。ゆえに一般国民は暫く措いて、我らクリスチャンは大々的計画を立てて、国民性の改造、あるいは国民思想指導のために、キリスト教大学を建つべきではあるまいか」。

その可否は金の問題ではなく、根本的画策のありや否やによって決定せられるとし、当時のキリスト教界に苦言を呈している。「今日のような小規模のキリスト教事業は、もはや天の喜び給うところではあるまい。箱庭的伝道方法、即ちここや彼処に石が足りない松が足りないといっては、石や松をそこや彼処に植えたりするような行り口《やりくち》は一向に感服しない、のみならず全然世界の大局とは没交渉な方寸《ほうすん》である」。

広岡は入信後の自らについて言う。「その後の私は、休むにも活《はた》らくにも神の御命《みことば》を離れては何事もなすまじと決心いたしました。昔は一片の義侠心もしくは国家のためというだけの動機によって人の世話や世間のことに当たってきましたが、今後は凡て、個人のことも家庭のことも、また社会のこともことごとく、神の聖旨ということを標準として致したい。即ち真意に従って尽くすべきはあくまで尽くし、争うべきは断じて争う決心をしました」。

以上、森村市左衛門と廣岡浅子の経営理念は、土屋が指摘したように「積極主義・進取主義、信用と公益性」であり、その先にキリスト教への入信があった。二人が共に教育に尽力していることも興味深い。私は、森村における「民権」を矜持として持つ経営、廣岡の女性の地位向上という宿願に注目したい。彼らは経済活動が軍国的国家に利用されることをよしとしない経営者であり、公共社会のために人を育て、社会の改善に尽力した経営者であった。

小林富次郎（一八五二―一九一〇）は、与野の酒造業者の家に生まれ(11)二五歳で上京、向島小梅の石鹸製造鳴春社で働く。一八八八年一一月四日（三六歳）神戸の鳴行社に勤めていた頃、ある芝居小屋の耶蘇教退治駁耶演説会で僧侶たちの不真面目で浅薄な罵詈雑言と、翌日の基督教演説会の熱心で真面目な態度にふれ、感服して志道者になった。同年、多聞（神戸多聞）教会で長田時行から受洗した。一八九一年、担当するマッチ軸製造のため石巻に工場を設けたが、不慮の災害により大被害を受け、北上川に身を投じようとした時、長田が書き送った聖句「是故ニ我儕カク許多《オホク》ノ見證人《モノミビト》ニ雲ノ如ク圍レタレバ諸《スベテ》ノ重負《オモキモノ》ト縈《マト》ヘル罪ヲ除キ耐忍《タヘシノビ》テ我儕ノ前ニ置レタル馳場ヲ趨リ」（ヘブル一二・一）が脳裏に甦り、奮起して上京、神田柳原河岸に石鹸とマッチ原料を取次ぐ小林富次郎商店を開業、所属した本郷（弓町本郷）教会の海老名弾正から粉歯磨きの製造法を聞き、一八九六年にライオン歯磨きの製造販売を開始した。

一九〇〇年に重篤な病から恢復したことに感謝して始められたのが、海外の例に想を得た慈善券の発行である。歯磨き粉の箱に一厘の引換券を入れたもので、集められた慈善券が慈善事業の資金に提供された。発行分の金額は引換の有無に関わらず慈善事業にささげられ、その総額は一九二七年に二

八五、九二三円七三銭となった。

一九一〇年一二月一三日召天。一六日の葬儀には会葬者二〇〇〇人、弔電三二三、松方侯其外の弔辞五一、大隈伯、清浦子其他の電文七三三通が寄せられたという。三五ミリフィルムに記録された彼の葬儀は、最初期の記録フィルムとして国の重要文化財に指定されている。

波多野鶴吉(12)(一八五四―一九一八)は丹波国綾部に生まれ、九歳の時、波多野家の養子となる。京都中学を中退し京都や大阪で遊蕩にふけった。一八七九年、京都に数理探究義塾を開いて教師となったり、貸本屋を開いたりしたが長続きせず、八一年郷里に戻り、蚕糸業や小学校教員などをするうち、同業の高倉平兵衛や新庄倉之助から感化を受け、一八九〇年に留岡幸助から受洗、九一年京都府蚕糸業組合頭取となり、一八九六年綾部に郡是製絲株式会社(現グンゼ)を創設、一九〇一年に社長に就任した。丹波第二(丹陽)教会の発足に尽力し、社内教育にキリスト教を取り入れた。一九〇九年には東京で独立伝道していた川合信水を迎えて社内教育の充実を図った(13)。内田正牧師を迎えた丹陽教会は一九一〇年、郡是製絲の女工を信徒に加えて会員三〇三人となっている。

波多野が所持する時計の蓋に記したヨハネ伝第四章三四節「われを遣しし者の旨に随ひ、其工を成畢る、是わが糧なり」は、彼が事業を経営する上での基本的信念であったろうと土屋は見ている。川合信水によって作られた社訓は以下の通りである。

「誠」ヲ一貫して「完全ノ天道」ヲ尊崇シ常ニ謙リテ　一、完全ノ信仰ヲ養ヒ　二、完全ノ人格ヲ治メ　三、完全ノ勤労ヲ尽シ　四、完全ノ貢献ヲ為スコトヲ祈願シ実行ス

森永太一郎(一八六五―一九三七年)は伊万里焼の問屋に生まれる。四歳で父を亡くし、家屋敷は

人手に渡り、母方の伯父に寄寓するが、母の再婚に伴い孤児となり親戚を転々とする。伯母の結婚を機にその婚家山崎家に入籍して山崎太一郎となり、行商などをした後、一八八八（明治二一）年に渡米し、ハリスや美山貫一の世話になった後、オークランドで回心に至る。

「『基督信者の信じて居る救い主イエス・キリストが今も活ける救ひ主ならば生ける主なることを知らして下さい』と真面目に始めて祈った」。

「跪づいて此の祈りをなすと同時に『汝の罪は赦されたり、汝の名は天にある生命の書に録されたり』との御声が何処からであるか電光石火の如く私の魂に閃くと、同時の瞬間に全智全能の神は永遠の父なる神にてあることを明らかに知らせられたので私は喜びに充された」(14)。

ハリスから洗礼を受けたのは一八九〇年、その後、菓子の製法を習得し、一八九九年に帰国し、キャンディー類やチョコレートの製造販売業を創業する。

「アブラハム、イサク、ヤコブを恵んで地上の為にも豊かに与え給ひし全能の神慈悲《ママ》、憐憫、私にも不可思議の御手を持つて米国で業を授け帰朝して業を創むるや、数ヶ月の後一度販売の開拓せらるるや、至る処に販路は拡がるばかりであった」（四七頁）。

高温多湿の日本ゆえに、商品が溶けて返品が続出するが、同種同数の新品に替えて納品することで信用と同情が集まり、溜池町の表通りに工場付店舗を構え、白壁にMorinaga's American fresh Candies and Chocolatesと記すと、米国公使夫人の目に留まり、宮内省御用達となる。森永は創業当時、テモテ前書六章六―一二節を戒めのため壁に掲げていた（五〇頁）。

「神を敬ひて足ことを知は大なる利なり、我ら何をも携へて世に来らず亦何をも携へて往こと能はざるは明かなり、それ衣食あらば之をもて足れりとすべし、富まんことを欲する者は、患難とわなまた人を滅亡と沈淪に溺れさす所の愚にして害ある萬殊の欲に陥るなり」。

しかし、事業の成功と共に誘惑に陥り、酒に溺れ信仰から迷い出てしまった彼を、信仰の友が訪ね、祈り励まし、彼は悔い改めに導かれる。自伝『キヤラメル王の体験談』の内題は「懺悔録」である。青山霊園の森永太一郎の墓には「罪人中我首」と刻まれている。

武藤山治（一八六七―一九三四）は、美濃国海津郡海西村の豪農佐久間国三郎の子として生まれた。国三郎は岐阜県議、議長、衆議院議員となる「田舎紳士」であった。慶応義塾に学んだ山治は渡米して苦学し、ジャパン・ガゼット記者から三井銀行に転じ、一八九四年鐘淵紡績株式会社兵庫分工場支配人となり、以後三〇年余、鐘淵紡績（現カネボウ）を一大紡績会社に発展させる。「すでに早くキリスト教的信仰を抱き、世の実業家達が、社交的宴会の夜の時間を空費する愚を避けて、静かに家庭にあって、研究と静養に費すことを常とした」という武藤について、土屋喬雄は言う。

「彼が日本経営史上、抜群の経営者となり得たのは、単に『経営手腕』の優秀さや経営努力のたくましさの故だけではない。彼の人間性の卓抜さにも帰せられなければならない。彼の人間性の卓抜さとは何かといえば、結局は道義観、人生において高邁な理念をもっており、しかもその実践において誠実さと勇気をもっていたということにほかならないというべきであろう」。

『女工哀史』の細井和喜蔵すら鐘紡賞賛の言葉を記し、劇作家久板栄三郎も『千万人と雖も我行かん』（一九四九年）において以下のように評している。

「武藤という人は、鐘紡の育て親であり、鐘紡的家族主義・温情主義の実現者で、当時においても既に世間から温情主義の欺瞞性と偽善的性格を指摘されていたのでありますが、色々この人を研究してみまして、本人の主観としてはそういう意識はなく、全く本心から大真面目にやっていた事が、客観的には『資本主義の機構の中では温情による作業人の優遇が、かえって能率を上げ、余剰価値を生む』という結果を生んでいるのだということが分り、そこに大きな興味を覚えたのでありました」。

大原孫三郎(15)（一八八〇―一九四三）は、倉敷紡績の経営者の家に生まれ、一九〇一年に岡山孤児院の基本金管理者となり、一九〇五年に受洗、倉敷教会設立者の一人となる。倉敷絹織（現クラレ）社長・中国銀行頭取、大原社会問題研究社、倉敷中央病院、大原美術館を設立する。大内兵衛は彼について次のように語っている。

「大原孫三郎は、大正・昭和を通じて大阪以西において最大の事業家であったが、彼は、その作りえた富を散じて公共の事業をしたという点では、三井も、三菱も、その他いかなる実業家よりも、なお偉大な結果を生んだ財界人であったといっていいと思います。もう一度申します。金を儲けることにおいては大原孫三郎よりも偉大な財界人はたくさんいました。しかし金を散ずることにおいて高く自己の目標をかかげてそれに成功した人物として、日本の財界人でこのくらい成功した人はなかったといっていいでしょう(16)」。

以上、土屋喬雄が取り上げた人々に広岡浅子、小林富次郎、森永太一郎を加えて、それぞれの経営理念におけるキリスト教的特徴を見て来た。そこには道義心、誠実、利他精神が滲み出ており、また従業員の人として尊重する社風が見られた。小林富次郎の慈善券のアイディア、大原孫三郎のメセナの先駆と言える企業利益の公共的使用は注目すべきことである。しかし、個人の倫理的経営理念を会社のものとして徹底すること、特に継承することは困難なことである。営利企業の倫理的経営を担保するための仕組み作りには限界があり、賀川豊彦が労働運動や生活協同組合・農業協同組合などにおいて試みたような中間集団の必要性は、こうした限界から浮き彫りになるとも言えよう。

時代を追ってさらにキリスト者の経営者を見て行くならば、以下の人々が取り上げられてしかるべきであろう。玉川学園の小原国芳が『秋吉台の聖者本間俊平先生』（一九三三年）において紹介した大理石採掘業者本間俊平（一八七三―一九四八）。彼はその事業において刑余者や非行少年を雇用し、その更生指導を行った。経営方針の第一に「どこまでも信仰を土台として経営すること」を掲げた白洋舎の五十嵐健治（一八七七―一九七二）はクリーニング業という新しい業界を切り拓いた[17]。近江兄弟社のウイリアム・M・ヴォーリズ（一八八〇―一九六四）と吉田悦蔵（一八九〇―一九四二）。津山の地域文化と教育に貢献し、第一回津山市名誉市民に選ばれた森本慶三（一八七五―一九六四）[18]。北海道の産乳組合長として各教会員を動員し未曾有の大凶作の飢餓救済にあたり、北海道製酪販売組合聯合会（雪印乳業）を設立した宇都宮仙太郎（一八六六―一九四〇）。彼の協力者で、道会議員、北海道酪農義塾（酪農学園）設立者の黒澤酉蔵（一八八五―一九八二）。こうした経営者たちのキリスト教倫理に基づく経営理念は形を変えながら継承され、企業活動が存続し続けている。

さらに戦後のクリスチャン経営者を挙げれば、パイオニアの松本望（一九〇五―一九八八）、丸留建設の鈴木留蔵[19]（一九一〇―二〇〇九）、山崎製パンの飯島藤十郎（一九一〇―一九八九）、ヤマト運輸の小倉昌男（一九二四―二〇〇五）などがおり、ここでも企業経営の先進性、キリスト教界と社会への貢献が、それぞれに展開されている。

八　おわりに

本稿では、文明開化期から昭和前期までに活躍した人々を中心に紹介と考察を行った。欧化主義の時代に経済界から政界に活躍の場を広げ教育事業を担った湯浅治郎をはじめとして、富国強兵の経済政策とは一線を画しながら、少なからぬクリスチャンの経営者がキリスト教倫理に基づく正直で先取的な、また人道的で公共的な経営を行ってきたことを確かめることができた。彼らは教育への関心が高く、経済活動を国家や富（マモン）の支配から自立させる貴重な働きであった。そこには、キリスト教倫理の経済分野での公共的展開の可能性が開かれていた。その中に賀川豊彦と「神の国」運動を置くと、キリスト教倫理に基づく事業としての共通性を確認することができ、一方で賀川のスケールの大きさと先進性が浮き彫りとなる。これらをキリスト教の「公共性」における貢献ととらえて、適切に継承発展させることは、私たちのこれからの課題である。

注

（1）小田信士『幕末キリスト教経済思想史』教文館、一九八二年

（2）『開教五十年記念演説会　附祝典記録』（一九一〇年）、『日本キリスト教宣教百年を記念して――宣教百周年記念大会記録』（一九六〇年）にもクリスチャン実業人の記録はない。そこで、『キリストにあってひとつ――日本プロテスタント宣教一五〇年の記録』（二〇一〇年）の「日本プロテスタント宣教一五〇周年の歴史的経過

第一部一八五九〜一九五九年」に若干の記述を加えた。

（3）土屋喬雄『続日本経営理念史――明治・大正・昭和の経営理念』日本経済新聞社、一九六七年。儒教倫理を基本とする経営理念における道義的実業家として扱われているのは、渋沢栄一、金原明善、佐久間貞一、矢野恒太、小菅丹治である。

（4）虎尾俊哉「キリスト教史の光芒、藤崎教会」『明治大正昭和の郷土史　二　青森県』昌平社、一九八一年。

（5）佐藤昌彦『北海道の開拓とキリスト教精神』北海青年社、一九四八年。

（6）熊本バンドの海老名弾正（安中、前橋）、蔵原惟郭（安中）、不破唯次郎（前橋）、郡徳鱗（吾妻）や、関農夫雄（前橋）、大久保真次郎（藤岡、高崎）ら熊本出身者の活躍も目立つ。

（7）住谷天来（一八六九―一九四四）は、翻訳家としてカーライル『英雄崇拝論』（一九〇〇）、ウォード『十九世紀之予言者』（〇三）、デンスモアー『詩聖ダンテの教訓』（〇九）を世に出した。著作も多く、甘楽教会時代には月刊誌『聖化』を発行した（二七・一―三六・六）。同教会引退後、『大夢の跡』（三七）、『人生の歌』（四〇）、『黙庵詩抄』（四一）を刊行した。漢詩にすぐれ、書をよくした。

（8）しかし、存娼派の策謀は収まらず、次の草刈、古荘知事時代にも問題はくすぶり続けたが、神山知事時代の一九〇九年に至ってようやく終息した。この間、草刈知事の公娼復活許可の報にゆれる最中の一八九八年、上毛基督教婦人矯風会が矢島楫子を迎えて発足するが、安中教会に赴任した柏木義円は、『上毛教界月報』第四号において、「廃娼其物よりも寧ろ該問題が一夫一婦問題の急先鋒となりて敵と鋒を交へ」「社会の思想を根底より一変」し「婦人問題に関する健全なる思想を社会に鼓吹せん」と檄を飛ばした。

（9）砂川幸雄『森村市左衛門の無欲の生涯』草思社、一九九八年。

（10）広岡浅子『人を恐れず天を仰いで――復刻『一週一信』』新教出版社、二〇一五年。

（11）井上胤文『信者之足跡』（ライオン歯磨本舗、一九二八年）には新潟県柿崎（六三頁）とある。

（12）土屋前掲書。

(13) 大塚榮三『郡是の川合信水先生』岩波書店、一九三一年。
(14) 森永太一郎述『キヤラメル王の体験談』(内題「懺悔録」) 自由メソヂスト教会出版部、一九三五年、一二三頁。
(15) 城山三郎『わしの眼は十年先が見える——大原孫三郎の生涯』飛鳥新社、一九九四年。
(16) 大内兵衛『高い山——人物アルバム』岩波書店、一九六三年。
(17) 自叙伝『キリスト信仰とわが体験』(日本クリーニング界社、一九五九年)、藤尾正人編『恩寵の木漏れ日』(同信社、一九八三年)、三浦綾子『夕あり朝あり』(新潮社、一九八七年) がある。
(18) 森本慶三『宝を天に積む』津山キリスト教学園、一九六五年。
(19) 鈴木留蔵『キリストを土台として』(一九八七年)、『そのなすところみな栄える——私の仕事と人生』(一九九八年)、『わたしは乏しいことがありません』(二〇〇〇年)、すべていのちのことば社。

第四章　天皇を中心とする日本の「神の国」形成と歴史的体験

黒住　真

一　日本における天皇と「神の国」形成の出来事

（一）日本の天皇・神・神の国

大和王朝期からの危機感をもった言葉

日本列島の内側では、自分たちの国をめぐり、現代では大抵「日本」と称する。また幕末さらに明治憲法の頃からは、当時の国の総体を国家といいつつ天皇とより結び付け、「皇国」「大日本帝国」という。ただ歴史を遡ると、近世前期までは、倭・大和・日本などの呼称はあるが、皇国が一般化された訳ではなく帝国はむろん皆無である。しかし、対外的な時に危機意識をもって自分たちの内実を把握・主張しようとするとき「神の国」（神国）と称することは屡々先立ってあった。例えば、「神国」を強調する北畠親房『神皇正統記』は蒙古襲来後、南北朝期である。ただし、「神国」が語としてあっても、内実が親房に似た「正統」の主張とは限らない。さらに従来の「神国」を否定的に乗り越えようとするキリスト教的思考による「神の国」も近代にはある。

元来の「神国」は、政治的というよりも宗教的な結集の場所を意味した。それが内部の諸宗教や文化の拡充に関わりやがて政治性を帯びもした。またすぐ見るように、その言葉は、日本では天皇と関連させて比較的に早くから用いられており、それが国の他との関係、限界面との関係を位置づけるもの、自分たちの内実の主張でもあった。ならば、こうした言葉の歴史やその様態や変容を捉えることは意味があるだろう。

では、この言葉の発生・状態は、何時何処からどのようだったのだろうか。むろん縄文・弥生期から「神の国」などと表立って称されていた訳ではまったくない。ただ、後にふれるが、日本の中心的秩序がはっきりと纏まってくる大和《ヤマト》王朝・飛鳥時代（五九二―七一〇）ころから、「神の国」の用例が実際に文字となって見えてくる。またそれは大抵、天皇と関係しまた対外関係を帯びている。ただし「神の国」の語があっても諸地域の内実がすべて直ぐ日本・天皇と結び付いていたとは言えない。

そもそも「日本」という場所が、歴史的にみても一様ではない。大和王朝においても東北は位置付けが微妙だし、沖縄や北海道は全く入っていない。まして朝鮮半島は交流があるにせよ日本の内部では全くない。また「日本」「国」の既に内側とされていても、決して一定ではなく、中心や周辺が歴史的にあり、その拡大や縮小が、変化を帯びている。また「天皇」と関係するとしてもその在り方はその場所によって違う。例えば、伊勢における天皇との結びつきは、熊野を始め他地域と同じではない。要するに日本・国・天皇と称されても一定ではなく、その内容は地位や変容を帯びながら徐々に形成されている訳である。

だとしても、それらの語が何度も用いられていることは確かである。危機感をもった言葉と最初にいったが、日本・天皇・神の国といった言葉は、時代や場所の課題を集中的に持ちながら使用されている。自分たちの場所の内容を敢えて捉えながらその意味を歴史的に形成し、言葉は今でも変化しながら在り続けている。ならば、その在り様を歴史的に辿り知ることは現在のためにも重要だろう。

全体への通路

本稿では、関係する物事の詳細には余り入り込まない。ただすでに述べたように、大掴みに、日本を大体の宗教や文化の場所と捉え、言葉としての「神の国」が見出される大和王朝あたりから、その用語や関連語の内容を辿ってみる。

その際、意識しなければならないが、そこで関係する言葉や物事はどのように現れるのか、という事である。これは「日本」の「国」内部の在り様につながる。日本において言葉によって現される物事には、大抵、外部（外側の物事）との関係があり、その内側での形成がある。それが日本における宗教や文化になっている。これは例えば、最初、国の外から来たとされる仏像・仏教を見れば判る。だとすると、いま外部・内側といった物事は一体どのような傾向を持つのだろうか。

日本の思想や文化をめぐっては、大掴みな様相として、大陸と少し離れて海に囲われた「島国」だからか、日本では物事を「外から受容し内にそれぞれ比較的早く位置づけて持続させていく」傾向がかなり強いと言われる（和辻哲郎・丸山眞男などの指摘）。その外に開かれながら内側で安定を志向する島国日本での物事は、例えば中国に見えるような大きな時空としての場所における物事の形成とも傾向が違う。また例えば朝鮮や中東のように、直接の接近に何時も緊張性を帯びた場所での物事とはまた違う傾向をもつ。だとすると、その「島国」で「外に開いて受容し内に安定的に位置づけ持続させていく」傾向をもつ「物事」は、そもそもどう感じ捉えられていたのだろうか。

これについて歴史を遡って捉え知ろうとする際に、振り返って現代の物事の把握には注意が必要でそれが大事だ、と本稿では考える。というのは、近現代では、物事を「科学」を始めとする端的な因果関係に還元し、それを知り所有・使用・流通できるが如き様相が増大する。人はその便利な物事に喜んで入り込んでいくことが多い。ただ、大事なのは、「元来の物事はかかる便利な道具の中に結局あるのではない」ということである。そもそも日本を含め前近代における人間は、かかる「道具以前の物事」によく向き合っている。そこには、わたしたちの生死・生活・従来からの仕事・実際の交流・歴史・将来といった「根のような物事」が全部判らなくてもある。それをよく捉え知ることが大事だと思われる。

その際、知ること注意すべきことが二つある、と本稿では考える。

第一は、先に、科学的「便利な物事」「因果関係」「道具」に対して、「それ以前」「根のような物事」と述べた、その後者についてである。この点、別言すれば、便利ではない昔の人あるいは元来の人間には、直ぐには判らない「不定・不可測な物事」がある。そこに超越ないし根源としての「神」が見出されている。その不定な物事・神と関わって、人々がおり、そこにあって位置付くのが自分たちだ、日本だ——こうした物事・出来事が基礎のようにある、といえるだろうことである。

これは勝手な想像ではない。かかる不定なものに開かれた日本における態度を、和辻哲郎（一八八九—一九六〇）は「全体」への「通路」と指摘している（『日本倫理思想史』上）。またそこに見出されるのを「不定の神々」と述べている。しかも、全体への通路というとき、どんな人であれ天皇であれ、全体・神と合一してはないのである（本稿、四（二））。本稿もその「通路」論に同意する。その総じていえば「不定の神々」に向かう態度から形態として形成されたのが日本における元来の神道や仏教であった。だとすれば、その不定性の中からの形成の様態を、私たちも遡って見出すといいのだろう。

ただし、第二に捉え考えておかねばならないことがある。それは、その「全体」とは何か、不定の神々がそこに見出されもする「全体」とは何か、ということである。別言すれば、不定性があるとしても、人間にとって物事は、自然は、完全に不定で不可測のままか。ならば人間は懐疑や虚無に入るほかないかもしれない。そうではないだろう。少なくとも和辻は、そこに「空」をいい、西田幾多郎は「無」といいつつもそれを「場所」という。つまり、すでに「全体」の語がそうであるように、物事は結局は何程か完全性ないし全体性によって位置付いている。

これは抽象的な論理ではない。例えば、私たちは、物事が全て判る訳ではなくても、決疑論（casuistry）といわれる道筋や形態を持ってその物事の中で働いている。ではその決疑論は何によって位置付くのか。全くの数字や論理だけではない。私たちは、自然や天地や地球を思えば前提のように何程か判り方向づく。昔の言葉でいうと、コスモス（天地・宇宙）の中に人間はおり、物事がまずある。人間の営みの地平はそれと関わっており、そこに日本もある訳である。

以上は、従来の用語でいえば、天人相関とか、天地人、大我・小我、梵我一如、ミクロコスモス・マクロコスモス、といった、東洋や西洋の古代中世までにあった基本的な在り方である。コスモスにおいて物事は、完全には判らなくても不可測のままではなく、天・天地によって位置付いている。またそこに気力や論理があって意味があった。そのことをどうも歴史を遡って知るべきと考えられる。ただ、日本においては「通路」だけでなく、人そのものを神とする習慣、神人合一観があった。これは戦国期・近世以後次第に広がる（「生き神信仰」「人神信仰」）。この全体性のことにもまた触れて考えてみたい。

形成される受容と基層、周辺と周縁

すでに述べたように、その「国」においては神や物事をめぐっての開かれた内の「形成」がある。これを歴史的に振り返って、大掴みに捉えるなら、まず神々を「待ち」ながら内化する外部への受動性をもっている［受容］。ただし、日本は閉じた島でもあるからだろう、民俗学が見出すように、神々やそれに関わる物事を、元来、結集される以前の多様な根として足下に「持っている」［基層］。

前者［受容］は、日本での表立った構造のような面である。種々の物事のみならず、諸々の宗教や文化、例えば、仏教、儒教、道教、キリシタン、近代のキリスト教など、受容あるいは変容さらに排除しながら、神、神の国の内部を種々に形成している。後者［基層］は、近代における民俗学や地方《じかた》学などが見出す自然とこそ関係する物事である。例えば、南方熊楠（一八六七—一九四一）、鳥居龍蔵（一八七〇—一九五三）アイヌ・沖縄同系説が、また谷川健一（一九二一—二〇一三）『日本の神々』（編著一九八四・著書一九九九）などが捉え見出すように、人々の物事や生活の中には、明らかに国家・天皇に結集される「以前」「以外」の神々が土地や海山などに関係してあったに違いない。そしてこれらの形成には、総じて《中心と周縁》があるだろう。

すでに不定性に開かれ、いま中心と周縁といったが、こうした関係・時空の物事にあって、「神」「神の国」「天皇」は、手元の物事と繋がるばかりではない。では、どう繋がるのだろうか。と同時に、関係する場合も「何処に」「如何に」あったのかは微妙である。例えば、仏教の場合、元来、日本「以外の」場所のものが、日本において受容され、自ら「持っている」ものとして形成される／された、と大抵考えられる。とはいえ、仏教が定着したとしても、それが元来の仏教かは議論がある。渡辺照宏（一九〇七―一九七七）・今枝由郎（一九四七―）は、ブッダの教示を継承するインドまたブータンから見ると日本のものはもう仏教自体とは違っている、という。世俗化の度合いの大きさからそう見えるかもしれない。だとしても、仏教（的なもの）は大いに形成されているのである。

これに対して、キリスト教はそもそもあまり受容されなかったと見られる。が、そうだとしても、キリシタン史に見えるように、元来、リゾーム（rhizome, 地下茎、根茎）のように、人間の営みとして根のように繋がり広がるものがあり、それが改めて発見されてキリスト教として形成されることもある。あるいは近代にあっては、キリスト教は、それ自体ではないが、文化形態のようなものとしては大きく広がった、と見られもする。

出来事と言葉

いずれにせよ、ここにある「形成」は、ただ広がった習慣ではなく、ある時処で物事が変化を帯びて見出され、受容・発見される。それがいわば体験によって形作られる。そこには大抵、歴史の中に特に《体験される出来事》があり、それは当人にとって事件でさえある。そしてそこにまた大抵は

《あらわされる言葉》がある。だからそれは物事・周囲により関係していくのである。この体験と言葉とが、人間にとって基本的にとても重要だといえる。

日本の「神」がまさにそうである。前近代にあった「天皇」「神道」「神の国」といった大和期に発生した在り方と考えは、表立った名称や国家観や内実の違いを持ちながら、徐々に近世・近代はもとより戦後も持続した、といえる。それと共に、重要なのは、持続し形成されたにせよ、《体験によって形作られる》時期に、《内実への問いの言説》がそれぞれ更に生まれてくる、という事である。その「焦点」ともいうべき時期に、「神の国」の言葉による意味、位置づける本質への問いがあるだろう。本稿ではその焦点となる出来事・言葉に向かい合いたい。

そもそも「神」という超越や根源が、「国」という自分たちの集まりを関係付け、内容を何程か形作る。しかもその内容は、ある傾向をもつにせよ、既に指摘したように、全く一定ではなく、内外観や体験と結び付きながら、歴史的に形成されている。だからこそ、その内実に介入しそれを辿り知るなら、たとえ批判であれ、そこに意味が見出せる。また翻って現在にも、肯否どうであれ、意味を持つ。その歴史的な意味が何かを、より焦点となった時期に私たちは見出せるだろうし、消すことなく捉えるべきだろう。

では、神や神の国にめぐって、どのような体験があって言葉を用いながら物事と関係し内容を形成するのか、追ってみてみよう。

（二）畏敬すべき「神」をめぐる祭祀と言説の形成

畏敬すべき不知なる神

すでに不定・通路・焦点などと述べたが、まず「神」について、近世の言語学者でもあった本居宣長（一七三〇―一八〇一）は次のように述べている。

凡て迦微《かみ》とは、古への御典等に見えたる天地の諸々の神たちを始めて、其を祀れる社に坐す御霊をも申し、又人はさらにも云はず、鳥獣木草のたぐひ海山など、其余何にもまれ、尋常ならずすぐれたる徳のありて畏こき物を迦微とは云なり。すぐれたることは、尊きこと善きこと、功しきことなどの優れたるのみを云に非ず。悪《あ》しきもの奇《くす》しきものなども、よにすぐれて畏きをば、神と云なり。

（本居宣長『古事記伝』三、なお本稿においてより捉えたい箇所に時に傍線を引く。以下同様）

神とは、人はもとよりどんなものにもある畏敬すべく通常ではない威力その根のような物である。それが「御典」（テキスト）に見える「神たち」であり、社にて祭られる（「祀れる社に坐す」）「霊」でもある。この祭られ方には種々あるが、宣長は「儒も仏も老も、みなひろくいへば、其時々の神也」とも述べている（『鈴屋答問録』一七七〇年代頃）。

この畏敬すべき威力と、ほとんど似た宗教的な内実をドイツの神学者・ルドルフ・オットー（一八六九—一九三七）は「ヌミノーゼ」（Numinöse）と指摘している（『聖なるもの』原著一九一七）。またイギリスの哲学史家・F・M・コーンフォード（一八七四—一九四三）は「ダイモーン」（daemon）と述べている（『宗教から哲学へ——ヨーロッパ的思惟の起源の研究』原著一九三二）。ということは、人間の営みの根には不可測なものがあり、宗教であれ哲学であれ文化であれ、後の展開の違いはあれ、元来はそのこちらから不知・不可測なものからの何程かの形成だ、といえることになる。

宣長は「神」を「尋常ならず」「よにすぐれ畏き物」といわば突然性さえをもった有能な勢力のごときものとし、それが諸教「時々の神」だとしている。宗教の分類や形はどうであれ、それらはすべて神に関わるものなのである。この考え方は興味深いが、問題は、そこからどのような営みや言説が形成されるかである。宣長自身は『古事記』からの系統（「皇統」）にそれを関係づけるが、歴史的にはそれ以外のものもある。以後少しみるが、その前に、まず、そこからの二つの営み——先に体験と言説といったもの——に触れておく。

呪術からの祭祀と言説

ヌミノーゼ、ダイモーンといわれるものへの態度は広く宗教の枠からいって「呪術」だということも出来よう。そしてそこに人間の体験があり言葉がある。そこから基本的に形成される形態としては「祭祀」また「言説」の二つがある、といえる。この点は、日本史では例えば次のようである。

卑弥呼……鬼道を事とし、能く衆を惑はす、年已に長大にして、夫壻（サイ＝婿）無し、男弟ありて、国を佐け治む。（『魏志』）

ここでは、神をめぐって二つの態度、先立つ卑弥呼による神懸り（交霊）と、それを解釈（審神）し現実の秩序化に向かうものがある。この「まつり」と「さには」が、男女の変化を帯びて、大きくは、天照［女性］をもとにした天皇と、大臣《おおきみ》また大連《おおむらじ》［男性］との関係となり、それが公―武、文―武、天皇―将軍といった法制史上の二形態になるといわれる（法制史家・石井良助『天皇 天皇統治の史的解明』一九五二）。

いま祭祀と言説の二分をさらに公―武、文―武などと述べたが、これを和辻哲郎は、「権威」と「権力」とも把握し、前者の持続、後者の変化及び前者への依存を日本史に見出す（後述）。そもそも権力と権威について、現代だと、権威は虚構であり権力こそ実体だ、という考えもあるだろうが、和辻はそうは考えない。権威＞権力であって、権威をこそ物事を位置づける宗教的根源のごとく捉えている。本稿も一応この把握に従う。

権威（天皇）に権力（政治）が従属する、という態度・形態が、物語としては、『古事記』『日本書紀』に見られる、スサノヲが八岐大蛇を退治した場所の蛇からの刀をアマテラスに捧げるといった物語になる。

怪しと思して御刀の前を以ちて刺し割りて見れば、都牟刈《つむがり》の大刀在り。故、此の大刀を取り、異しき物と思して、天照大御神に白し上げましき。是は草那芸之大刀《くさなぎのたち》なり。（『記』上巻 八岐大蛇）

其の尾を割裂きて視せば、中に一の劒有り。此所謂草薙劒《くさなぎのたち》なり。素戔嗚尊《すさのをのみこと》の曰はく、「是神しき劒なり。吾何ぞ敢へて私に安けれむや」とのたまひて、天神に上献ぐ。

(『紀』神代上・第八段)

そして歌がありまた劒がのち熱田神宮に祀られ、やがて三種の神器の一つになった、と伝説が展開する。その内実はともかく、劒が天神/天照神に捧げられるという形で、いわば文∨武、公家∨武家、天皇∨将軍たる秩序論として展開するものでもあった。

また祭祀そのもの、その在り方と比較について、神道史家・西田長男(一九〇九―一九八一)は、もともと神道の「祭り」には、「禊《みそぎ》・祓《はら》うことがその前段行事として必須不可欠」である。この必須の行事である「禊は水に潜《かづ》き滌《すす》いで、祓は祓具につけて、身体の罪穢《つみけがれ》を除去する」ことだ、という(「古代人の神―神道より見た」『古事記大成』第五巻「神話民俗篇」所収、一九六二)。つまり祭祀とは元来はいわば「罪穢を祓って浄化(カタルシス)する特別な行事」なのである。これをめぐり西田は、「それは、かの仏教にいう『代受苦』やキリスト教にいう『代贖』と何の渝《かわ》りもないのである」とまで述べている(同)。

現在、日本では、神道が浄化を、仏教やキリスト教が贖罪(罪穢の祓い、代贖)をといった分化が多い。だが元来は繋がっていた訳である。また神道は日本のもの、キリスト教は西洋のもの、と分類する傾向があるが、西田の考えからすれば、元来の祭祀は国や東西の分類以前に人の営みとして同様なものが根のようにあったのかもしれない。

ともかく、罪穢からの禊ぎ・祓い・浄めとして形成される「祭祀」が、（言語以前の）「神道」であり、そこからまた言語・言説が展開することになる。そこに、言葉・出来事と結び付く「霊」すなわち「言霊」「事霊」が捉えられ、それがさらに「言説」ともなる。では、そのあたりはどのようだったのだろうか。

言霊の記録・形態

祭祀から言説に繋がる「言霊」「事霊」（ことだま）について見てみる。これを実際に記録したものとして『万葉集』に三例ある。

神代より　言ひ伝て来らく　そらみつ　倭の国は　皇神の　厳しき国
言霊の　幸はふ国と　語り継ぎ　言ひ継がひけり　（巻五・八九四）
言霊の八十の衢に夕占問ふ占正に告る妹はあひ寄らむ　（巻十一・二五〇六）
磯城島の日本の国は言霊の助くる国ぞま幸くありこそ　（巻一三・三二五四）

最初は山上憶良（六六〇—七三三？）の長歌、後の二つは柿本人麿（六六〇—七二四）の歌で、その内最初の書き下しは言霊としたが、本の表記は事霊である。ここからも霊の言が事と重なって感じ取られていたといえる。この『万葉集』の例は、物事の位置づけは特に述べておらず、前提のようである。だが、総じていえば、「日本の国」「倭の国」が天皇の先立つ神（皇神）の畏敬される国であり、その継承によって助けがあり幸いの国になっている。畏敬される国の言霊が、いわば救済・幸福を帯びるものになっている。

なおテキストとしては、近世になって、契沖（一六四〇―一七〇一）、賀茂真淵（一六九七―一七六九）は『万葉集』の歌の広がりを好んだ。だが、本居宣長は彼等とは違って、勅撰和歌集の伝統を好み、また言霊をさらに『古事記』と関係づけ、天照とより関係づける「直毘霊」を叙述した。それが彼にとっては文字通り「霊」が「直毘」する伝統だった訳である。

言葉で称される「神」と「国」の伝承

ところでこの山上憶良・柿本人麻呂の言霊と関係づける「国」は、まさに「日本の国」とされ、天皇の継承が、救済（＝助く）と幸福（＝幸ひ）に結び付いて把握されている。それは救いと助けを継承する「国」である。ただ、語としてはまだ「神の国」ではない。ならば、「神」はどこにあるのだろうか。

このあたりの用語の位置について、原田敏明（一八九三―一九八三）は、興味深いことに、『古事記』『日本書紀』の叙述では「大和朝廷の物語においては「みこと」となっているのに対して、出雲に関する時は「神」となっているといってよい」と述べ、両書では、語として大和が「みこと」、出雲が「神」だという（「古事記の神」『古事記大成』第五巻「神話民俗篇」一九六二所収）。つまり、大和の継承・系統においては「尊」「命」であり、それが問われない出雲に現れるのが「神」なのである。また次のようにいう。重要な問題に繋がるので引いておく。

祖孫の関係を示す時には必ずといってよいほどに「命」となっている。……しかしこれも地祇になって来ると、祖孫の関係を示す場合でも、時には「命」でなく「神」となっていることが少なくない。……「命」というのは祖孫の関係を示す場合に用いられるのに対して、「神」というのは、宗教的な性格を示すといってよいが、さらに皇別とか、また神別のうちでも天神や天孫とかに対して、特に地祇の性格を持っている。すなわち中央の大和的なものに対して、出雲的なもの、その他凡そ中央に対して拮抗するものの性格を持っている。現実的なのに対して神秘的な性格といってよい。

（「古事記の神」『古事記大成』第五巻「神話民俗篇」一九五八所収）

「神」というとき、それはより対外的で土着的で拮抗する神秘的・出雲的な宗教である。これに対して「命」においては、「神」の語はそれ程用いず、天に関わる祖孫・中央の大和的なものの継承をこそ述べている訳である。

この指摘によれば、先の『万葉集』で見たのは、以上の『古事記』のうち祖孫の関係「命」の側、そこでの幸いと助けその継承であった。では、より「神」と称される出雲的なもの宗教的なものの働きは、何だろうか。

この方面の「神」については、たとえば『出雲風土記』には、次のような物語がある。すなわち、娘が「和爾《わに》に遇ひ、賊《そこな》はれて皈《かへ》らざりき」を体験した「父の猪麻呂」が、何日も叫び、苦しみを経て「志を興し」て次のように神に訴える。

「天つ神千五百万はしら、地《くに》つ神千五百万はしら、並に当国に静まり坐す三百九十九社、及、海《わた》神《つみ》等、大神の和魂《にぎみたま》は静まりて、荒魂《あらみたま》は皆悉に猪麻呂が乞のむ所に依り給へ。良《まこと》に神霊《みたま》有らませば、吾に傷《そこな》はしめ給へ。ここをもて、神霊の神たるを知らむ」とまをしき。（「意宇郡・安来の郷」）

「猪麻呂」は、荒魂よ自分に依ってきて、神霊の神を知らせてくれ、と言った訳である。この説話は、このいわば願いに対して、さらに結果として「須臾《しるし》」があった、という叙述になっている。こうした「出雲的なもの」の記述は、明らかに「大和的なもの」と異なっている。天照・大和系統では、救済は伝統なのだが、出雲系統では、救済はいわば見えず判らない神の、願いに応えての働きである。すぐには見えない「神」が、大和的な系列とはまた違って顕れるものとして「天地」「当国」また「海」に感じられている。かかる神も、やがて表立って形成される「神の国」に先立ってあるいは周囲にある訳である。このことも記憶しておきたい。

二　古代から中世に向けての「神の国」

（一）「神の国」の対外的／対内的な立ち現れ

外部からの「神の国」と仏による祭祀「霊の悔い改め」

『万葉集』に見たのは、「神の国」の内実のような物事である。先に述べた「祭祀」と「言説」の分類でいうと、「祭祀」の在りさま、天皇と継承される国の様態である。では、国外的ないし外部からの国内への「言説」はどうなのか。興味深いことに、まず外部に関係する言葉においてよりはっきりと「神の国」が記述されている。

最初の「神の国」の用語が仲哀天皇九年（神功皇后紀）九月条にある。日本の側で「軍」が「新羅」に達する際に、「神の海」として「和魂は王身に服ひて寿命を守らむ。荒魂は先鋒として師船を導かむ」とある。次いで十月条には新羅に到った際に「遠く国の中に逮ぶ。即ち天神地祇の悉くに助けたまふか」と聞く。これに対して新羅王が、「吾聞く、東に神国有り、日本と謂ふ、亦聖王有り、天皇と謂ふ」と述べた、とある。東に神国があって日本といわれ、そこに天皇といわれる聖王がいる、と聞いたのである。ともかく、「神国」、その王たる「天皇」といった名称が流れてはいたことを示す。

また、外から更に入って来たものをめぐる国内における内発的な事例として、百済の聖明王が賊に殺されその次男が日本に相談に来たときの、蘇我稲目の言葉がある。「神の国」という語ではないが稲目は次のように国内を述べている。

> 昔在、天皇大泊瀬の世に、汝の國、高麗の為に逼《せ》められ、危きこと累卵より甚だし。是に、天皇、神祇伯に命して、敬ひて策を神祇に受けたまふ。祝者《はふり》廼ち神語に託けて報して曰く「邦を建てし神を屈請《つつしみいま》せて、往きて亡びなむとする主を救はば、必ず当に國家謐靖《しずま》りて、人物《おおみたから》乂安からむ」と。由に是りて、神を請《ま》せて往きて救はしめたまふ。所以、社稷《くに》安寧なりき。原《たずぬ》れば夫れ、邦を建てし神とは、天地割け判れし代、草木言語せし時に、自天降来りまして、国家を造り立てし神

なり。頃《このごろ》聞く、汝が邦、汝が國、輟《すて》て祀らずと。方《まさ》に今、前の過を悛《あらため》て悔いて、神の宮の霊を祭り奉らば、國昌盛えぬべき。汝当に忘るること莫《なか》れ。

（『書紀』欽明天皇一六年二月条）

ここでは、国家を造った神、その神の宮の霊を祭り奉る、すると国が盛んだろう、との考えが主張されている。蘇我稲目は、仏像の制作をしたのだが、ここでは後代のように神・仏の用語を分けていない。すべて「神」の語を用いている。稲目にとっては、仏像は《前の過ちの悔い改めの神の祭祀》であった。ともかく「神の宮の霊を祭り奉るべき国」といった神国観と結び付いての仏教の働きが主張されている。

ということは、先の「浄化」に向かう言説のうち、「罪穢を祓る」「霊を祭る」という側面を仏像が担っていることが判る。後に仏教がより供養・葬儀をし、神道がより浄化をするといった両面的な習合構造が生じるが、それをこれらは早くも示している。とはいえ、これは「神の宮の霊を祭る」「国」である。また語としては「神の国」ではない。国の中心における祭祀分業の主張であって、近世のように神・仏の国内一般的広がりはまだ無い。

我が朝は神国／神事

少し時代を経ると朝廷と結合する内部からの「神の国」発言が、ある危機感への対応とともにはっきりと出て来る。それは大抵、神社での崇拝と関係しているのである。すなわち、『日本三代実録』貞観十一（八六九）年十二月十四日条に、清和天皇伊勢大神宮奉幣告文として、「我が日本朝は所謂神明の国なり、神明の助け護り賜ふは、……我が朝の神国と畏れ、憚《はばか》れ来れる故実を澆《そそぎ》たし失ひ賜ふな」とある。また『宇田天皇御記』仁和四（八八八）年十月十九日条には、「我が朝は神国なり、毎朝より四方大中小天神地祇を敬拝す、敬拝の事始め、今より後一日として怠ることなし」とある。貴族階級においてであるが、「我が朝は神国」という考えが、それを怠るまいという意識とともに主張されている。

また平安時代後期になると、明らかに「我が朝神国なり、神事を以て先となすべし」『権記《ごんき》』（権大夫藤原行成《こうせい》）長保二（一〇〇〇）年正月二十八日条とある。また天皇の代始めや神託事件などの際、伊勢使の宣命に「本朝は神国なり」（『小右記』長元四［一〇三一］年八月）とあるなど、天皇の地位の明確化と「神の国」概念とがより結び付いてくる。それに伊勢神宮が言葉や営みとしてより関わってくるのだろう。

「神国」は、天皇の地位だけでなく、「神事」でもある。だから、「鬼神冥助を垂れざれ了《おわ》んぬ、此の国是れ神国なり、本より警戒は厳しかざる、只彼の神助を憑《たの》むなり」『春記』（参議兼春宮権大夫藤原資房《すけふさ》）長暦四（一〇四〇）年八月二十三日とある。先の「神明の助け護り賜ふ」といった守護神に近い把握が「神国」と結び付いて広がっていることが判る。一一―一二世紀頃の不安な時期には、問題を起こす人を追い払うべく、「追討宣旨／院宣」が下され、そこに「神国」が述べられる。平家追討の院宣（一一八〇）をめぐる『平家物語』の記述では（平家物語は一三世紀頃）次のようにある。

平氏王皇蔑如して、政道にはゞかる事なし。仏法を破滅して朝威をほろぼさんとす。夫我朝は神国也。宗廟あひならんで神徳これあらたなり。かるが故に朝廷開基の後、数千余歳の間、帝位を傾け、国家を危ぶめんとする者、皆もつて敗北せずと言ふことなし。然則且は神道の冥助にまかせ、且は勅宣の旨趣をまもつて、はやく平氏の一類を誅して、朝家の怨敵をしりぞけよ。

（巻五・福原院宣）

「神国」が開基数千余年の帝位・勅宣によって位置づけられ、これを危ぶむものに対して冥助する仏法がある。神の国の成立・継承に向けて仏法があることになる。

（二）史書・和歌集と「神国」内実の形成

歴史書と詩歌・物語

史書・詩歌ではどうだろうか。これについても、平安期からの形態やその変化がある。「正史」と称される漢文の『六国史』は、『日本書紀』で始まり、いま触れた『日本三代実録』（九〇一）で終わってしまう。また「漢詩」の「勅撰集」は、平安初期『凌雲集』（八一四）・『文華秀麗集』（八一八）・『経国集』（八二七）の三つだけである。これに対して、『勅撰』と称される「和歌集」は『古今和歌集』（成立九一三頃）から『新葉和歌集』（一三八一）の室町・南北町時代まで持続する。天皇の中心化が、少なくとも貴族階級を始めとして和歌を通じて四世紀半ほど持続していたことが判る。先に見た『平家物語』に描かれた「平氏の一類を誅して、朝家の怨敵をしりぞけよ」という勅宣も、かかる動向の広がりと見ることが出来よう。

ただし、国を越えた世界が捉えられていたことも明らかである。『日本国現報善悪霊異記』『今昔物語』を始めとする説話の類も、「天皇」「神の国」に収束するばかりでは決してない。『今昔物語』では目次立てから「天竺―震旦―本朝」の三国が想定されていたし、先にみた「本朝」「我が朝」という例もこうした視野のもとにあったかもしれない。「本地垂迹説」といわれる本地たる仏・菩薩が神祇となって垂迹するという言説は平安中期に広がったといわれるが、その「天皇」「神の国」では、日本に完全な中心化が行われているとは言えない。まして道元（一二〇〇―一二五三）にとっては、「仏祖」こそ捉え、天皇も神の国も最初から敢えて向かうべき対象ではない。

「神国」内実の形成

しかしそうではない「まとまり」として神が拡充・展開したこともまた確かである。この点で、内実を踏んだ主張として、僧侶である慈円（一一五五―一二二五）、また北畠親房（一二九三―一三五四）『神皇正統記』や伊勢神宮『神道五部書』が重要で見落とせない。

慈円は『愚管抄』という歴史書で有名であるが、本書は現世を超えた「冥衆」が歴史の中に「権化」して人間に物事の「道理」を教えるとする。それが「冥衆」という「宗廟社稷の神々の御めぐみ」（巻四）だとする。歴史的詳細には此処で入らない。ただ慈円自身は、「神ぞ仏のみちしるべ、跡を垂るとはなにゆゑぞいふ」（『拾玉集』）と歌う。垂迹というよりも、神こそが仏にとっての道程だ、と述べているようである。

北畠親房以後になると、おそらく蒙古襲来（一二七四／一二八一）を大いに知っていたのだろう。

『神皇正統記』は次のように述べる。

大日本者國也《おほやまとは》。天祖《あめつみおや》ハジメテ基ヲヒラキ、日神《ひのかみ》ナガク統ヲ伝へ給フ。我國ノミ此事アリ。異朝ニハ其タグヒナシ。此故ニ神國ト云也。神代ニハ豐葦原千五百秋瑞穗國《とよあしはらのちいほのあきのみずほのくに》ト云。天地開闢ノ初ヨリ此名アリ。天祖國常立尊、陽神陰神ニサヅケ給シ勅ニキコエタリ。天照太神、天孫ノ尊ニ讓マシマシシニモ、此名アレバ根本ノ号ナリトハシリヌベシ。（序論）

本書は、「大日本」を天地開闢以来の国だとし、その天祖・天孫と天照を連続させて「日神ナガク統ヲ伝へ」る。これは「異朝」にはないもので、だから「神国」だと強調する。南北朝期の南朝側だからでもあるからか、はっきりとした「神の国」の開闢以来の持続が、はっきりと「天祖」「天照」「天孫」の尊ぶべき名称として、他にないものとして、言説として主張されている。

これは伊勢神宮内における外宮の運動にも繋がっていた。先立っては、「正直を以て清浄となし、或いは一心定準を以て清浄となす、或いは起生出死を以て清浄となす、専ら精明の徳を致し、須く二法を分かたざるべし、共食の一水の軌に其心を匡す、神国の道に至らしむ」『天口事書』（一一八八文治四年以前か）といった主張があった。また、神道の外宮の度会行忠（一二三六―一三〇六）が重要な役割を果たし、後に『神道五部書』といわれる秘書では、「神国の境を鎮護す」（宝基本記）、「天照太神は日月と豊受太神は天地と共にして、国家を守り幸ひ給へり……大日本国は神国なり、国家の安全をえ、国家の神明の加被によりて、神明の霊威を増す」（倭姫命世記）といった論説が展開する。「神国」「大日本国」の安全・守護をはっきりと任務を持って強調していることが判る。

むろん、安全・神明の加被といった主張は以前からあるものだが、むしろ仏教の側が持つものだともいえる。だが、伊勢では外宮が、仏教的用語を実際に多く取り入れつつ教説の完成をより図る。この態度と言説は、近世以後発生する実証主義的な方法からは、否定されもする。しかし、従来、祭祀はあっても言説はあまり無かった神道に、いわば経典を作り、その伝達を計ろうとする運動が外宮から広がり始めたのである。それは従来仏教の側での仏・菩薩が神へと化身すると言われた構造（「本地垂迹説」）を、反転させて神みずからの身心の営みに仏を担おうとする構造である（「反本地垂迹説」）。この伊勢外宮からの問題意識ゆえに、「神国」は、その祭祀と言説をより帯びて日本の中心性に向かうものとなった訳である。

三　戦国末また近世天下において中心化する「神国」とキリシタン

（一）排耶論――排斥による神儒仏結集

戦国期になると、こうした宗教的主張は、政治家自身のものにもなる。その戦国末、また徳川初期における「神国」をめぐる彼らの内外への主張は僅かでも大きな意味をもつ。

秀吉「バテレン追放令」

豊臣秀吉（一五三七—一五九八）は、最初、キリシタンの人材や物の交流を受け入れていたが、天正一五年（一五八七）九州に向かい、まず、キリシタン布教を限定すべく注意事項の「覚」を求める。だが、彼らが十分これを受け入れないと判断し、翌日、秀吉自身の本音からの規定として「定」を出し与えた。

定

一、日本ハ神國たる處、きりしたん國より邪法を授候儀、太《はなはだ》以不可然候事。

一、其國郡之者を近附、門徒になし、神社佛閣を打破之由、前代未聞候。國郡在所知行等、給人に被下候儀者、當座之事候。天下よりの御法度を相守諸事可得其意處、下々として猥義曲事事。

一、伴天連其智恵之法を以、心さし次第ニ檀那を持候と被思召候へハ、如右日域之佛法を相破事曲事候條、伴天連儀日本之地ニハおかせられ間敷候間、今日より廿日之間ニ用意仕、可歸國候。其中に下々伴天連儀に不謂族申懸もの在之ハ、曲事たるへき事。

一、黒船之儀ハ商買之事候間、各別に候之條、年月を經、諸事賣買いたすへき事。

一、自今以後佛法のさまたけを不成輩ハ、商人之儀ハ不及申、いつれにてもきりしたん國より往還くるしからす候條、可成其意事。

已上

天正十五年六月十九日　　朱印

この「定」は、「バテレン追放令」（吉利支丹伴天連追放令）と後に称される。内容はまさに「日本ハ神国たる処」という「神国」の主張から始まる。この「神国」「日本之地」たるところに、「きりしたん国」からの「伴天連」（padre, 神父、司祭、キリスト教伝道の選ばれた宣教師）が活動する、だがそれは実は途方もない「曲事」（不正）である、ゆえにこの伴天連は来てはならない、追放・排除する、という。「曲事」については、確かに「伴天連」は、「知恵之法」を持つようだが、実はこの「神国」「日域」に対して、勝手に信徒を所持してゆき（「心さし次第ニ檀那を……」）、「神社佛閣を打破らせ、前代未聞」である。これは「天下よりの御法度」の離反、「仏法を破る」「邪法」だ、という。とはいえそれとは違って、「仏法」を妨げない「商買」「商人の儀」、その交流（「往還」）は構わない、経済交流は許される（「くるしからす候」）という主張である。

「神社仏閣」の保持が「仏法」また「天下」「御法度」であるというこの言説は、おそらくは秀吉近辺に早くからいた仏僧（徳運施薬院全宗か）と関係して作ったものと思われる。「天下」「神社」の語はあるものの「天皇」を直接指す語はまったく無い。ただし、秀吉は、天正一三（一五八五）年以来、伊勢神宮に戦いとともに奉納しており、「覚」「定」をめぐっては、内宮に天正一五年七月一三日付「注進状」があり、次のように記録されている（内部の用語は「覚」に近い）。

伴天連御成敗之事、関白秀吉朱印六月十八日之御紙面、神慮大感応たるへき旨也、就其捧御礼連

署、天照皇太神宮
注進　抑　御朱印之趣伴天連御成敗等之事……
右御朱印致頂戴、誠以一天太平四海快楽大慶此時奉仰尊……
天正十五年七月十三日
……

「天照皇太神宮」とまさに関連付けて「伴天連御成敗」が宣言され「神慮大感応」が感謝されている。バテレン追放令が、神仏併せ持った誓願であったことがよく見える。

なお、秀吉は、一五九六年に「サン＝フェリペ号事件」から禁教令を出し、さらに京都で活動していたフランシスコ会（一部イエズス会）の教徒たちを捕え処刑した（日本二十六聖人）。この禁教令も内容をさらに展開していると思われるが、正確な資料はまだ見出せない。

殉教への反応と二つの「神の国」

戦国期以後江戸幕府が天下統一をした「近世」と称される時代は、「徳川平和」（Pax Tokugawana）ともいわれる。実際、一揆や混乱や気候の変動などがあっても大抵は拡大することなく収められ、大体は諸々の学問・文化の発達、産業・都市化などの進展があった。だが、この「平和」に先立って権力と仏教の諸宗派との戦いと屈服化があり、さらにキリシタンを排除する動きがあった。その排耶の活動が、「宗門改め」となって、人間の位置づけを帯びて持続していった。その秩序の実質は、最初大いに武威の権力によるものであったが、だとしても公家・天皇の権威が消滅した訳では決してなく、近世後半になるとそれが次第に拡大したのである。これらのことは、近世における「神の国」の内実にも関わっている。

武威による近世的統一には、背後にキリシタン弾圧がある。その論理を明確に示すのが、家康（一五四三—一六一六）が近親の臨済宗・金地院崇伝（一五六九—一六三三）に作成させた文書［慶長一八（一六一三）年一二月］でいまこれを「排バテレン徒党文」と記しておく。ここから要点となる文章を二カ所、番号を付して引いておく。（1）は「神国」の内部、（2）は神国で否定・排除される「伴天連徒党」についてである。

（1）日本は神国、仏国にして神を尊び仏を敬ひ、仁義の道を専らにし、善悪の法を匡す。過犯の輩あれば、その軽重に随ひ……五刑に行ふ。罪の疑ひあれば、すなはち神を以て証誓をなす。罪罰の条目を定め、犯、不犯の区別、繊毫も差はず。五逆十悪の罪人は、これ仏神、三宝、人天大衆の棄損するところなり。積悪の余殃、逃れ難し。

（2）かの伴天連の徒党、みな件の政令に反し、神道を嫌疑し、正法を誹謗し、義を残なひ、善を損なふ。刑人あるを見れば、すなはち欣び、すなはち奔り、自ら拝し自ら礼す。これを以て宗の本懐となす。邪法にあらずして何ぞや。実に神敵仏敵なり。急ぎ禁ぜずんば後世必ず国家の患ひあらん。ことに号令を司る。これを制せずんば、かへつて天譴を蒙らん。日本国のうち寸土尺地、手足を措くところなく、速かにこれを掃攘せん。

（「排バテレン徒党文」）

この文書では、(1)に見えるように、「神国」に「仏国」「仏神」、また語はまだだが儒(「仁義の道」)が加えられ、神・仏・儒の全体が「善悪の法」と称され位置付けられている。そこに「罪罰の条目」「犯、不犯」等がある。しかもこの「善悪の法」は、仏法ではなく、武家だからこそ持っただろう法家的・敵味方的に対峙する論理である(「罪の疑ひあれば、すなはち神を以て……」)。それによって仏・儒が結集されその中心に神がある訳である。このような論理は、「雅」ではないから、武家的だと、一七世紀末頃から批判されもする。先に近世後半に天皇・公家の権威が上昇したと述べたが、それは武威への批判的な展開でもあった。ただ、そうだとしても武威・武力の敵味方的考えと力とは、近世にも残り続けこれまた上昇し、近代日本の国家構造を形成するものとなった。この排バテレン徒党文には、その前提のような出来事が現れてくる。

武威による敵味方論には排除する物がある。それが(2)ではっきり見える。最も問題として見出せるのは「刑人あるを見れば、すなはち欣び、すなはち奔り、自ら拝し自ら礼す。これを以て宗の本懐」とすること、つまりキリスト教の十字架・殉教の事実である。これを「邪法」「神敵仏敵」とまさに否定的に踏み込んで捉えることで、「急ぎ禁」ずる「号令」、国全体、余すこと無く、即座に罰を、という論理を展開する。総じていえば、ここで中心化された「神」は排除する敵によって武威による統一を描き出す全体性の神であって、和辻哲郎が古代に見た、不定な全体への「通路」としての神々ではまったくない。

だとすると、かかるキリシタン「において」、またキリシタン「ではないもの」から、その後歴史的に何が生まれてきただろうか。キリシタンにかつて関わったものとしては、『妙貞問答』を現わしたハビアン（一五六五―一六二〇?）がいる。彼の全く信心なき合理主義的な論理は、直ちに背教し、翻って、受難すること無き仏教・専ら倫理的な儒教・持続する神道を肯定し、またキリシタンを否定する（「破する」）教説を『破提宇子』として現わす。

元来の神道また仏教は受難と供養とを持っていたし、儒教も天地という場所や主宰者との関係を持っていた。これに対して、ハビアン的な合理主義的な論理から広く見出されていくのは、大きくは祖先崇拝や血縁主義であり、また形態としては、先人を神の如く敬う神人論である。みずから神になる、という動きが発生する。信長・秀吉・家康の場合、大抵はみずから祭祀の中心に描かれようとする。その働きが他にも広がるのである。ここでの「神の国」は、排他性と共に、その中に持続する関係をこそ主張することになる。その基本型を追って宣長『古事記伝』が描き出すのである。

（2）の「伴天連の徒党」側の「宗の本懐」の十字架をめぐっては、（1）と対比して捉えるべき考えが二つある。一つは、受難・殉教などとすでに述べた点である。ここでは、（1）のような血縁的な持続や完結した全体への依存を結局は行わないことになる。もう一つは、そこに距離をもった「信仰」が当の持続・断絶を乗り越える場所を共同体がもつことである。それが、キリシタンが見出そうとする「神の国」なのだろう。この点、資料としては現在入り込めないが、宗教そのものがもつだろう論理や世界として考えるべきである。実際、潜伏キリシタンがあったのだから。むろん潜伏キリシタンが何なのかは議論が残る。ただそれが「バテレン追放令」の「神国」に入らず潜伏したこと、別の「神の国」を想像したことは確かである。

（二）漢籍による「神国」

種・霊性の神国――吉田兼倶

いま戦国末・近世初期の尖端的な出来事を見てみたが、広く一般的な場面においてはどうだったろうか。まず本節で漢籍の場合をみて、次節で和文への関係をみる。

「神国」の祭祀・論説の広がりとして重要なのは吉田兼倶（一四三五―一五一一）である。彼は、一五世紀半ばから一六世紀初め、京都に社・宮を建立しまた布教を行った。このあたりから神道は、伊勢や個々の社寺だけでなく、より明確な形と広がりをもつことになる。この吉田神道においては、三国においても日本が中心であり、諸宗教もこちらの根本からのものだ、とする。これは「反本地垂迹」の完成ともいわれる。

ともかく「神国」への結集が行われ、それが布教される一般的な言説となり、個々の場所での祭祀を位置付ける運動となった訳である。実際、祭りの形態や位置付けもその中に含まれている。いま詳細には入らないが、主張の要点だけ少しみる。

・吾が日本は種子を生じ、震旦は枝葉を現し、天竺は花実を聞く。故に仏教は万法の花実為り、儒教は万法の枝葉為り、神道は万法の根本為り。彼の二教は皆是れ神道の分化也。枝葉・花実を以て其の根源を顕はす。花落ちて根に帰る。故に、今此の仏法東漸す。吾が国の、三国の根本たることを明かさん。「神国に於て仏法を尊ぶの由来」

・夫れ天照太神と豊受太神とは、無上の宗神なり。是れ則是れ則ち天地精明の本源也。無相・無為の太祖也。故に仏見・法見を起さず、無相鏡を以て、仮りに妙体を表はす也。
・神を以て本地と為し、仏を以て垂迹と為す。
・国は是れ神国也。道は是れ神道也。国主は是れ神皇也。太祖は是れ天照太神也。

（『唯一神道名法要集』）

震旦─天竺─日本にあって、日本こそが「根本」である──「吾が国の、三国の根本たる」この中心化・根柢化が、日本の神国・神道の前提のような強調になっている。それが霊にも繋がる。「万物の霊性なり、人倫の運命なり、無形にして能く形有る物を養ふは神なり」と、実際に「霊性」の語を用いて、これを天地の根元であって人を養育する「神力」だともみている。日本という「神国」はそれをまさに担っている、とする。

吉田神道は、「三社託宣」と呼ばれる伊勢（天照皇大神宮）・春日（春日大明神）・石清水（八幡大菩薩）に顕れた神のお告げを床の間に飾る掛け軸に記して広く流通させた、といわれる。ただ、これは漢文の布教であり霊性も漢籍による。近世半ばに国学はそれを批判し和語自体を主張する訳である。

『太極図説』と神道──漢籍の理想主義

漢籍を用いながら、神道の中心化が図られて来るのだが、もう少し彼等の動向をみてみると、彼等の視野の背景には、仏典があり、さらには儒学の六経や「太極図説」がある（一三世紀頃までに発生）。

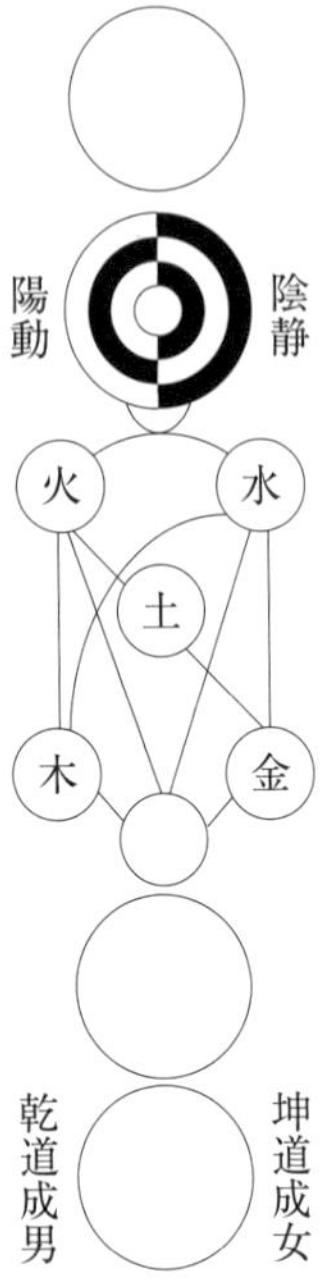

「太極図説」

神道家はそれらを用いながら神道の祭祀を『書紀』等と結び付けながら同化・変容させながら漢語において言語化しさらに経典化する。いずれにせよ、言語としてまずあるのは漢文・漢籍である。

近世になると、出版と結び付いて言説の一般化がまさに発生する。その際、時代を大きくとらえるなら、近世前期（一七―一八世紀前半）、まずは漢文の世界があってその経典の選択・変容・否定等の解釈の運動が和文と結び付きながら展開する。さらに近世中期（一八世紀半ば―一九世紀半ば）になると和文の世界自体の構築に向けて選択や介入の運動がある。そして近世末期は、その二つの運動が両方とも現れ出て、維新を準備する。

まずは近世前期と述べた漢籍を中心にした運動を見てみると、そもそも近世漢学の始めの人とも言われる藤原惺窩（一五六一―一六一九）は、下冷泉家出身で歌を作っているし、林羅山（一五八三―一六五七）には『本朝神社考』さらに『神道伝授』がある。後者には明らかに朱子の言説と『太極図説』がある。その祭祀論が、伝授される秘伝だった訳である。この漢文からの伝統をより完成したといえるのが、山崎闇斎（一六一九―一六八九）であり、彼は強い朱子学者であったが、且つ吉田神道・伊勢神道など諸神道を横断して学びつづけた。闇斎において、朱子の経典を中心とする漢籍と日本書紀を中心とする日本古典とが総合・合一していた。かかる闇斎は、実証性を求める現在の学者からは無視ないし嫌われるが、彼にとっては実はそれが幕府批判さえ含み日本の本質をとらえる理想主義的な内心の運動であった。

（三）天地観と漢和両語による日本神国

近世期における古典への遡及

いま捉えたのは、大きくは「朱子学」と「日本書紀」との合一を許ろうとした次元である。だが、両者には、それぞれ従来の解釈をさらに乗り越え、古典自体の歴史的遡及をする運動がある。それは大抵、手元のものとも結び付いており、と同時に、普遍的な物事への彼らなりの志向もある。それはキリスト教におけるプロテスタントのようでもある。

例えば、京都の町人・伊藤仁斎（一六二七―一七〇五）は、漢籍の中世である朱子学を批判しつつ、古代の『論語』『孟子』を捉え、また活物観（Vitalism）を持ちながら主宰者としての「天」をこそ「聖人」と共に見出す。だが、昔に戻れというのではなく、そのことによって手元の日本における人間の日常生活を普遍的に位置づけようとする。

また江戸の医学出身の学者・荻生徂徠（一六六六―一七二八）は、仁斎が位置づける生活そのものでさえ風俗習慣によって変容しているとして関係における「信」「信仰」の大事さを前提のように捉え、更に政治と祭祀の必要性を見出す。そして、荀子の法制を好みつつ「六経」から特に「三代」（夏殷周）における「聖人」の作為による「礼楽刑政」を捉える。徂徠は「聖人と信仰仕候」とまで述べている（『答問書』）。

その「礼楽刑政」は、徂徠にとってはただ抽象的な観念ではない。手元の祭祀と政治の結び付きでもある。彼の把握では三代における殷と、奈良・京都に見出される朝廷とは関連するものでさえあった。その祭祀論には、武力を中心化する幕府批判も含まれていた。また徂徠は、言語論において、訓読を乗り越えた「翻訳」を捉え、対する古典語と手元の口語との関係こそが重要だと指摘する。その意味でも天皇と日本の祭祀が、彼にとって批判と共にとても重要だったのである。

以上の漢籍を主として古代へと遡及しつつ黐って手元の在り方を位置づける運動は一八世紀前半までに発生した。これを知りながら近世後期の展開がある。それについて大きくは二つないし三つの動きがあったと押さえておきたい。

基本となる天地人また農業・産霊と天皇像

第一は、こうした活動自体を位置づける天地人論また産業論である。すでに触れたが近世の場合、人の営みは「天地」「天人相関」観のうちにある。そこで諺でも「非理法権天」と言われる。「天」(天地)あっての「権」＝政治なのである(なお、この諺をめぐって法制史家・瀧川政次郎『非理法権天』一九六四年がある)。この事は、自然論・産業論にもつながっている。近世日本の政治経済論者の多くは、都会への人々の集中を問題視し、農業に向けた「土着」論を説く。また循環型産業に近い営みの重要さを説く。これは後近代の主張かのようだが、日本史においては、近世初期から幕末期の二宮尊徳(一七八七—一八五六)にまで繋がる前提の如き論であった。そしてその農業・稲作の重視は、天皇との関係にも繋がっていた。

第二は、言説における、「産霊」と「天皇」の関係付けである。言説が何か、そしてどう位置付くのかが近世において課題を生じる。その焦点というべき言葉・概念が、産霊・天皇である。その位置付け如何が、近代に向けて天皇・神国が何かを準備する。幕末の天皇論は近代「神の国」の様態に繋がる。大事だろうと思うことを二点、ふれておきたい。

一つは、本居宣長と水戸学の天皇像、もう一つは、横井小楠と近世また近代初期の天皇像である。

① 本居宣長と水戸学の天皇像

先に近世になると、祖先崇拝や血縁主義が発生する、といった。本居宣長の『古事記伝』は、従来はただ此処の秘跡のようであった人間関係を、元来すべての人のものだとする。その基層のような構造を「直毘霊」で述べる。そこには左のような系譜が成り立ち、また万世一系が血縁的全体性として強調されることになる。左の系譜図で判るようにそこには合一的構造・全体性がある。

とはいえ、それは人間自体の全体ではない。天照とも産霊とも関係づけられ、内部の人を位置づける。またここに働く活物観＝産霊は、宣長自身の語では、「種」である。それは類ではなく「徳」（能力）ではない。つまり人間は種族・系統によってこそ位置付いており、万人一般論ではなくその能力如何でもない。この同族観にあっては、主客合一に向かう「真心」のみあって批判は有り得ず、また発生する否定的な問題は、外部に（たとえば「漢心」に）投影されることになる。

近世の宣長においては、この構図の即自性自体が、威力をもって支配する幕府批判をも帯びていた。ただ幕末になると、これに後期水戸学の上意下達の強い道徳が結び付く。さらに近代、宣長・後期水

古事記系譜【上巻】天之御中主神〜神武

←別天津神（コトアマツカミ 5柱）【天地初発】、造化三神、二柱、隠身

1天之御中主神（アメノミナカヌシ）←五柱（独神・成神・隠身）別天神

- 1 国之常立神（クニノトコタチ）←神世七代
- 2 豊雲野神（トオクモノ）
- 3 宇比地邇神（ウヒヂニ）
  須比智邇神（スヒヂニ）
- 4 角杙神（ツノグヒ）
  活杙神（イクグヒ）
- 5 意富斗能地神（オホトノヂ）
  大斗乃弁神（オホトノベ）
- 6 於母陀流神（オモダル）
  阿夜訶志古泥神（アヤカシコネ）
- 7 伊耶那岐神【国生み・島生み】
  伊耶那美神【黄泉国】【身禊】
  - 天照大御神（アマテラス）
    - 正勝吾勝々速日天之忍穂耳命（オシホミミ）
      ＝万幡豊秋津師比売命
      - 天火明命
      - 天津日高日子番能邇々芸命（ホノニニギ）【天降り】
        ＝木花之佐久夜毘売
        - 火照命
        - 火須勢理命（海左知）
        - 火遠理／天津日高日子穂々手見命（ホヲリ／ヒコホホデミ）（山左知）【海幸彦・山幸彦】
          ＝豊玉毘売命（トヨタマヒメ）
          - 天津日高日子波限建鵜葺草葺不合命（ウガヤフキアヘズ）
            ＝玉依毘売命（タマヨリヒメ）
            - 五瀬命
            - 稲氷命
            - 御毛沼命
            - 若御毛沼命（カミヤマトイハレビコ）（神倭伊波礼毘古命、神武）【人代へ】
    - 天菩比能命
    - 天津日子根命
    - 活津日子根命
    - 熊野久須毘命
  - 月読命（ツクヨミ）【誓約】
  - 建速須佐之男命（スサノヲ）【天石屋戸】
    - 多紀理毘売命
    - 市寸島比売命
    - 多岐都比売命
    ＝櫛名田比売（足名椎・手名椎の子）【八岐大蛇】
    - 八島士奴美神
      ＝木花知流比売
      - ○—○—○—○—大国主神＊【国譲り】

大山津見神（オホヤマツミ）【山・海】
- 木花之佐久夜毘売
- 石長比売

綿津見神（ワタツミ）
- 豊玉毘売命（トヨタマヒメ）
- 玉依毘売命（タマヨリヒメ）

2高御産巣日神（タカミムスヒ）
- 万幡豊秋津師比売命

3神産巣日神（カミムスヒ）
- 少名毘古那神

4宇摩志阿斯訶備比古遅神（ウマシアシカビヒコヂ）

5天之常立神（アメノトコタチ）

＊大物主神
＝勢夜陀多良比売
- 富登多多良伊須須岐比売（ホトタタライススキヒメ）

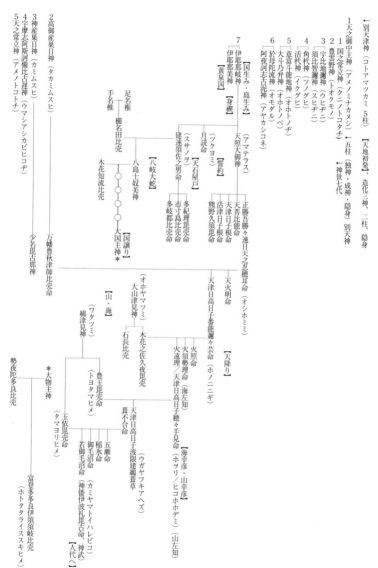

戸学の論理がそれ自身が全体性を帯びたものとなり、これを背景に神武天皇の系図が大日本帝国において使われるとき、その系統の意味はとても拡大することになる。

ともかく、一九世紀幕末期には、宣長学・水戸学的な依存と敵対による全体性が立ち現れ、そこに国内部の人間が結合させられる。近代日本の帝国は、その幕末に顕れた全体性をより形成し、人々が臣民としてそこに収束させたのである。

② 横井小楠と近代初期・天地における天皇像

ただし、一九世紀に働いていたのは、それだけではない。依存と敵対による全体性ではない天地に基づいた公共の働き方を見せるのが横井小楠（一八〇九―一八六九）である。彼は、福井藩に頼まれて、藩の「国是」の形成を試みる。藩の武士達が議論するのだが、始めは党派的な戦いばかりだったが、ある段階で議論を試みることで物事が決まり始める。小楠はかかる議論の重要性を強調しまたそこから天地に基づく合議のあるべきことを主張する。またモデルとして漢籍から「三代」（夏殷周）を捉える。この小楠の弟子ともいえる由利公正の草案が基礎となって形成されたのが、明治天皇の誓いである、「五箇条の誓文」である。

五箇条の御誓文

一　廣ク會議ヲ興シ萬機公論ニ決スベシ

一　上下心ヲ一ニシテ盛ニ經綸ヲ行フベシ

一　官武一途庶民ニ至ル迠各其志ヲ遂ケ　人心ヲシテ倦マザラシメン事ヲ要ス
一　旧來ノ陋習ヲ破リ天地ノ公道ニ基クベシ
一　知識ヲ世界ニ求メ大ニ皇基ヲ振起スベシ

この「会議」「天地公道」「知識を世界に」といった内容は、まだ藩主たちに向けてのものだが、民人心に関係していることは否めない。

この「誓文」には、さらに「御宸翰」と称される、天皇の自筆の内容文が付されている。そこでは、

朝政一新の時に膺り天下億兆一人も其処を得ざる時は皆　朕が罪なれば今日の事　朕自身骨を労し心志を苦め艱難の先に立古列祖の尽させ給ひし蹤を履み治蹟を勤めてこそ始て　天職を奉じて億兆の君たる所に背かざるべし

とある。あらゆる人がすべて所を得るように、そうでないならみずからの罪だ、といった言葉さえある。「天地」「天下」があり「天下億兆……朕が罪なれば」という供養論は、遡れば、一の（二）で見た、西田長男が捉えた元来の神道に罪責論がある、といった物事、それが元来は実際に神道家としての天皇の仕事にもなっていることを示す。

こうした構造は、太平洋戦争敗戦後、平成天皇による被災地だけでなく、ハンセン病院すべてへの訪問や、かつての敵対国への供養としての訪問などにも顕れている。だが、こうした構造がまったく

消されて、天地といった仕組みさえ無くなり、集中した権力になるのが、『大日本帝国憲法』（一八八九）、『教育勅語』（一八九〇）である。それは、いまみた②ではなく、①が威力とともに国家と結合すること、それが主流になった訳である。

四　近代、さらに戦時体験と「神の国」

（一）近代日本の文明・戦争における「神の国」

国家主義的「神の国」への批判とあるべき「神の国」への期待

近代つまり維新後における「神の国」について、通常のキリスト者あるいは国粋主義者の例は、本稿ではあまり触れず、別稿に譲りたい。ただ、比較的早い時期のどちらの分類にも簡単には入らない例について、最初に少し触れておく。

まずは、中村正直（一八三二―一八九一）の場合で、彼は、先の②の天地観から、誰もが「敬天愛人」すなわち天をまた神を敬すべきだ、また人を愛するべきだ、と真理を強調し、次のように間違い（妄想）を指摘する。

若シ果シテ、天トイヒ神トイフコトヲ、妄想説トナシタランニハ、吾邦ヲ称シテ神國トスルコトモ、國君ヲ将シテ天子トイフコトモ、皆妄想ヨリ出タル妄称ナラン

（（一）真理ト妄想トノコト「漢学不可廃論」『東京学士会院雑誌』一八九二〔明治二〇〕年五月八日）

有神論者である中村にとって、天と神とは、誰もが敬すべきであり妄想ではない。これに対して、我が国のみ神国とし君主をまさに天の子とするのは妄想・妄称なのである。

また内村鑑三（一八六一―一九三〇）の場合、当然ながら『新約聖書』から「神の国」を論じている。いまそれには触れないが、時期的に先立つ『代表的日本人』（原著、一八九四年）で、

神の国について論議し、その実現を祈りながら、そのようなことは実際には不可能だと考えているわれわれすべてもまた、卑怯者、いや偽善者なのではあるまいか？

と西郷隆盛を引きつつ述べている。内村にとって「敬天」をもって実践する隆盛は「神の国」に近い。だが、「神の国」はもう無理と近付こうとしない者は卑怯・偽善なのである。内村は翻って当時の「臣民」観を批判視しているようである。

社会・労働問題

いわゆる「近代化」においては、労働や社会が問題になる。資本主義といわれる経済的運動が人々の働く社会的組織やこれをめぐる政治関係を拡大させる。そこに単なる従来の家族や共同体だけでない組織形成が生じる。そこには単なる家族関係でも国家だけでない講や社会的組合が展開しその判

断や働きを基礎付ける必要が生じる。そのいま組合・講といった側面を、玉野井芳郎（一九一八―一九八五）は、ゲノッセンシャフト（Genossenschaft）と捉える（『エコノミーとエコロジー――広義の経済学への道』一九七八）。近代の日本史では、その必要性が「社会問題」として日清戦争（一八九四―九五）後に発生する。

これに対して大西祝（一八六四―一九〇〇）が「社会主義の必要」を表し国家に即さない社会観の必要性を述べる（『六合雑誌』第一九一号、一八九六年一一月）。だが、これは余り受け入れられず、やがて「社会民主党」（一九〇一）が結成され宗教者が関係するのだが、直ぐ弾圧され解体させられる。国家的中心へと種々の力や地位が結集され、その上意下達のもと「臣民」は日露戦争（一九〇四［明治三七］―一九〇五［明治三八］）へと向かう。このタテ社会的な権力構造は近代日本では主流だったのである。

最初の「社会民主党」にも見えるが、元来の社会的組織の形成・運動には、大抵は「神の国」が関わっている。が、それは多くは帝国の内部に組み込まれることになる。戦いとも関係して社会的組織（ゲノッセンシャフト）の自立的形成が押さえ込まれ、国家の中心性が全国を蔽い、そこに種々の力が結び付く。近代の始め、社会的組織は英独仏をモデルにしたが、やがてドイツ的な中心化の傾向が拡大する。それが大学を始め会社・学校などを支配することになる。このドイツ的な力に結び付いて、天皇の権威は権力と融合して畏敬すべきものとなり、この現人神に臣民は従属し滅私奉公を務めることになる。もしこれを「神の国」というなら、アウグスティヌスの把握ならそれはむしろ権力が増長・結集する「地の国」ではないか。

とはいえ、確かに大正期には、自由が語られ民本主義が広がったといわれる。にもかかわらず、関東大震災（一九二三）、また恐慌を経て、さらなる軍国化と満洲を始めとする支配拡大を帯びて帝国はますます戦争へと結集したのである。

反省を踏まえての「神の国」

問題は、昭和前期および敗戦後に現れ出る。そもそも近代日本はとくに戦時中、国内外の殉教者たちまた罪責をもち、向かうべき多くの死者に関係する。この戦争体験を経ての戦後日本はどうだったろうか。対してドイツでは、ヤスパース（一八八三―一九六九）が、敗戦直後、責罪（Shuld）論を書き顕し、また多くの立論と問題提起を行った（『責罪論』Die Schuldfrage. Lambert Schneider, Heidelberg, 1946,『戦争の罪を問う』橋下文夫訳など）。

日本では、そもそも昭和天皇が、一九四六年一月一日「新日本建設に関する詔書」（人間宣言）をあらわし、そこで「帝国憲法」ではなくむしろ遡って「五箇条の誓文」を掲げている。また国内各地を巡幸した。「天下」への運動だったのだろう。平成天皇の場合、さらにこれを深め広げる。病院を含め各地また沖縄・海外の戦場に向かう、物事をさらに浄化する運動だったのだろう。

学者の場合はどうだろうか。哲学者として、例えば田邊元（一八八五―一九六二）に『懺悔道としての哲学』（一九四六）がある。また政治思想としては丸山眞男「超国家主義の論理と心理」『世界』（一九四六年五月号）を始めとする無責任体制の指摘などがある。ただ、政治論では「天皇」自体や「神の国」は主題にはなっていないと思われる。ついては、そこに関係するだろう何人かに最後に触れておく。

（二）和辻哲郎による「神」祀り——天皇権威の持続と権力と

天皇の権威・象徴的持続論

日本における天皇や神・神の国が、変化がありつつもより持続するといった把握を、同語は持たずとも、はっきり主張するのが戦前・戦後の和辻哲郎（一八八九―一九六〇）である。彼は次のように「日本」を述べる（『日本倫理思想史』上巻、緒、一九五二）。

原始時代以来の伝統をなおおのれのうちに保持している……現在の世界の文化国のなかで、こういう〔伝統保存の〕例はほかにはない。従って日本においてのみは、原始時代以来の社会構造の変遷が、他民族の侵入や干渉を受けることなしに、二千年にわたって行われたのである。これは日本が世界の端の離れ島であったということの反映であるかも知れぬが、いずれにしてもその珍しさにおいては変わりはないのである。
日本における社会構造の変遷は、異民族の外からの介入なしに、同一の国民の内部における原因により内部でのみ遂行された変革として、あたかも蝶や蛾の変態と同じような観を呈している。これも他の文化国に見られない現象である。

ここにおける「原始」「二千年」といった把握は問題である。また「多民族の干渉を受けることなしに」とは簡単には言えない。とくに近代以後はそうである。ただ、「変態」「変遷」を含んだ内部の持続（「伝統」「保持」）がとくに「文化」的にかなりあったことは指摘できるだろう。そしてそこに、この引用では見えないが、「天皇の神」がある。

天皇をいかに位置付けるか。和辻の『日本倫理思想史』は、かなりの部分が戦前の『尊皇思想とその伝統』（一九四三）と重なっている。その『尊皇思想とその伝統』を含む全集一四巻の解説（古川哲史）は、「尊皇の道は、著者に言わすれば、日本の倫理思想のいっさいが根ざす大本であり……いっさいが流れ出る淵源である」「著者は尊皇思想が日本倫理思想の根幹であり、他のあらゆる倫理思想はこれから派生していると考えていた」（四〇四頁）と指摘している。天皇を敬う「尊皇」が「根幹」「大本」「他のいっさいが流れ出る淵源」だと和辻は考えていた。この和辻による把握は、天皇の中心性を最初からの根のように考えた点で私には同意できない。その中心化は、元来はまず一部の部族間のものである。これに対してリゾームのようにあった神々が、時代とともにより中心へと結集させられる、というのが事実だと思われる。しかもそれを位置づける論理は「尊皇」だけではない。

不定の神に向かう権威の持続と権力の交替

もうひとつ、和辻の指摘として重要なものがある。すでに触れたが、それは、神道を担った天皇を「通路」として受動的に捉え、そこにある統一（中心化）を「権力」ではなく「権威」だ、とする事である。そこから以下のように、欧州で、天皇に似ているのは、君主ではなく中世来の法王だ、という。

欧州には徳川将軍と同じ意味の君主は存するが、日本の天皇に相当するものは存しない。兵権なく政権なくしてしかもこれら権力を握る将軍を任命するところを持つもの、それに幾分近いのは中世のローマ法王のほかにない。王政復古によって権力と権威とが再び統一せられたにしても、天皇の本質は権威にあるのであって権力にあるのではない。……しからばこのような権威はどこから出るか。それは天皇が国家を超えたもの、すなわち国民の生ける全体性の表現者だからである。

（「日本精神」『続日本精神史研究』一九三五［全集四巻］）

ここにある「国家」「国民」「全体性」の用語は微妙だが、「権力」者である将軍以上の、神と関係する「権威」ある任命者として「天皇」を捉えている。この「権威」論は、戦後一九五二年、「日本精神」ならぬ「宗教的権威による国民的統一」では、かなり改訂される（『日本倫理思想史』以下同書）。すなわち、「超人間的、宗教的なもの」「宗教的権威」「神聖な権威」といった用語になる（「宗教的権威による国民的統一」『同書』第一編・第一章）。その神・権威・命についてやはり全体性ではなく次のように述べている。

注目すべきことは、神の命令によってかかる大事が決せられるのであるにかかわらず、その神が必ずしも皇祖神のみでなく、ここで初めて名の顕われるような神々だということである。しかもそれが何神の命であるかということは、きくまではわからない。従って最初神の命令の発せられる時には、不定の神々の命令として人間に与えられる。

（「神話伝説における神の意義」『同書』第一編・第二章）

さらに「祭祀的統一にもとづく道徳」（『同書』第一編・第三章）では、「究極者」が一切の「神々の根源」、その神秘への「通路」として「祭祀」がある、と主張する。

祭祀も祭祀を司どる者も、無限に深い神秘の発現しきたる通路として、神聖性を帯びてくる。そうしてその神聖性のゆえに神々として崇められたのである。しかし無限に深い神秘そのものは、決して限定せられることのない背後の力として、神々を神々たらしめつつもそれ自身ついに神とせられることがなかった。これが神話伝説における神の意義に関して最も注目せらるべき点である。究極者は一切の有るところの神々の根源でありつつ、それ自身いかなる神でもない。

その究極者の通路としての祭祀（権威）と政治（権力）において世界は次のようだという。

そこには権力の支配ではなくして権威による統率があったのである。……村落の団体は、この共同の祭祀においておのれの全体性を自覚するところの、祭祀的な統一であった。……その統率者の権威は祭祀を通じて存したのであり……統一するものが権力ではなくして全体性の権威であったことは明らかであろう。……統率者会議による民族的団結にもまた権力による支配という性格がなかったことは明らかであろう。

ここにある「全体性」は、「日本精神」「国民」「尊皇思想」ではなく、明らかに「超人間的、宗教的なもの」「究極者」「神々の根源」である。戦前の『尊皇思想とその伝統』では「国」「国民」の全体性が「いっさいが流れ出る淵源」「伝統」だった。だが、戦後の『日本倫理思想史』では、それ自体は不可測な「全体性」として「究極者」があり、それへの「通路」としての「祭祀」に「おのれの全体性の自覚」がある。いうなれば、戦前とは違って、究極的次元があり、その根茎からの自覚として自分たちがいる、ということになる。

このあたりの議論の違いは、何なのだろうか。微妙だが、和辻は『原始キリスト教の文化史的意義』（一九二五）をあらわし、また「日本精神」『続日本精神史研究』（一九三五）をあらわした。その頃、カトリック司祭で哲学者・岩下壮一（一八八九―一九四〇）の「自然的秩序と超自然的秩序」「公教要理第一部解説」があり（共に一九三〇年）、そこで岩下は、和辻哲郎の『文化史』への批判を強く行っている。その岩下壮一による批判的言説が、和辻なりに戦前の「尊皇」を戦後の「超人間的」「究極者」の「全体性」へと展開したのかもしれない。また、和辻の、不定性、通路といった議論は、神道史家の西田長男も戦後さらに取り入れたのである。このあたりの立論やその可能性は重要である。次に、和辻哲郎にも影響を捉えたキリスト教の側に少しだけ触れておこう。

（三）キリスト者の「神国」と「皇国」

岩下壮一「神の国」論の位置づけと日本

「神の国」をとらえる際、キリスト教では、例えば「悔い改めよ。天の国（神の国）は近づいた」

（マタイ四・一七）、「時は満ち、神の国は近づいた。悔い改めて福音を信じなさい」（マルコ一・一五）とある。「神の国」は、どこまでも当人に関係するが、「遠くから」近づくものとしてある。だから、「信仰」がそこに関係するのだろう。さらにアウグスティヌス（三五四―四三〇）の場合、人間は、自由であるだけにはっきりと神に向かうと共に罪を持つ。そこで人間は「神の国」に対するが「地の国」にも関係する。人間は根本的には前者なのだが、実践において後者でもあり得る。

こうした構造についてアウグスティヌスを好む近代日本のキリスト者・岩下壮一は、「神の国の本質は自ら謙る神の愛であり、地上の国の真髄は神を蔑む自愛に存する」とまとめる（『神国論』第二章二その二）。人間は、「神の国」の「愛」を「謙遜な気持で懐く」のだが、「地上の国」では逆に「自愛と神への蔑み」をもつ。

このアウグスティヌス『神の国』の論、それを岩下が論述し出版したのは、一九三五（昭和一〇）年のことだった。いわば十五年戦争の最中である。彼はその「神の国」をただ現実と無関係の観念だとは考えていない。その戦時中、実際に彼は次のように――いま「皇国」論を提供すべきだが、その際、アウグスティヌスの「神国」に似るものが「待望」されるのだ、とまで主張している。

我等の国民的、民族的生活の基調をなす高貴なる信念が、力の支持を失った時に、「何故に」といふ懐疑は益々公然と現はれてくるであらう……ここに於いてか、我等の理性と感情とを調和してくれる、『神国論』の如きものが待望されるのは必然である。現代日本の思想的統一を査するものは、我等に神国論ならざる皇国論を提供する責めあることを忘れて貰ひたくない。

戦国期ともいえる時代の微妙な発言だが、当時の皇国すなわち天皇の「神の国」に「力」ではなく「理性と感情の調和」を期待している。

ともかくこれは、戦時中一九三五年のキリスト教側からの指摘である。微妙な発言だとしても、その「国」に天皇の中心性を見出しており、これを否定する立論でないことは確かである。岩下は和辻と同世代で、彼をキリスト教把握について強く批判した。ただ和辻は、岩下の没後、その継承者吉満義彦（一九〇四―一九四五）を大学での講義に呼んだ。おそらく、当時の国家主義とは違う、しかし天皇を国の中心とする考え方を彼らは持っていた。その意味で和辻と岩下は似ていたのだろう。

「神の国」の運動とプロテスタント

また「神の国運動」と称される賀川豊彦（一八八八―一九六〇）を中心として始まる伝道社会運動があった（一九二九―一九三四）。これには間接的ながら新渡戸稲造（一八六二―一九三三）も関わっていたようである。本稿では「神の国」が何かが戦時中により問題として出て来ると考えるが、その戦時中の問題を先立って社会的に担った「神の国」運動があり、それは賀川たちによるものであった。その「神の国」観の背景には、関東大震災、恐慌がある。そこに「救済」論が含まれていることは、ただ聖書学的なキリスト教とは違った方向を示す。ただ、その「神の国」は、天皇ないし当の国家を批判することは出来なかったようである（このあたりの問題の重要さは別稿で改めて捉え考えたい）。

もう一点、この時期の活動として重要なのは、同志社大学神学部出身の魚木忠一（一八九二―一九五四）また有賀鐵太郎（一八九九―一九七七）である。有賀は岩下壮一と同世代だが、アウグスティヌスより以前のオリゲネス研究を始め、キリスト教思想史を、岩下と同様に構想しており、日本で数少ない先立った教理論者だともいえる。日本の宗教史をめぐって印象的なのは、有賀の同僚・先輩である魚木忠一の論説である。彼は、一九四一年に『日本基督教の精神的伝統』をあらわした。すなわち、仏教が「救贖」をもちながらも「輪廻転生の連続性」にある。また儒教が「天地」を持ちながら「上帝」への自覚があり、神道とくに平田篤胤の「古伝説」に意義がある。ただ、キリスト教の「救贖」にそれらの習合を超える「精神的な体得」があり、そこに意味があると説く。キリスト教徒に、排他的ではない包摂的な殉教の体験を説いたかのようである。おそらく、期待を含めての議論だったのだろう。

先の岩下壮一の「神の国」はカトリックから教会論を強調する。また逢坂元吉郎（一八八〇―一九四五）はプロテスタントだが「神の国」の一端としてこの世だけでない聖徒・死人と共に末遂げる教会がなければならないと主張する（「教会」〔下〕、一九三七―四二年頃、『著作集』上巻、三七八頁など）。熊野義孝（一八九九―一九八一）もそれに似る。また無教会の南原繁（一八八九―一九七四）は戦時中・戦後、カトリック批判・ナチス批判をしながらプラトンのイデアに繋がる「各人の良心と理性」、そして「自由」による「神の国とその義」を主張する（「キリスト教の「神の国」とプラトンの理想国家」『国家と宗教』一九四二、文庫版、一四一頁など）。ただ、南原は、天皇否定は持っていないようである。

（四）神道・民俗学の戦争体験から

民俗学・近代国学──柳田国男

近代日本では神道の中から民俗学・近代国学と称される学問が発生する。そもそも日本において神道は、一方で国の中心に向かうものでありながら、他方で地域の基層・低層において在り続ける。それらはまずは生活と関係した祭祀や儀礼などの習慣的営みであって、その実感と形態はあっても余り言説とはならない傾向が強い。中心化されれば言説が生まれるが、基層であれば一層言葉がない。民俗学・近代国学は、その言説以前の習慣的物事を捉え集めて記録する。とはいえ、彼等の仕事の大半は言語化される。まして戦争体験をするとき、そこからの言葉や思考も現れ出ている。その考えは、ただの研究ではなく、営みを方向付けんとする期待も含まれている。

この戦争体験から現れ出た民俗学・国学者の発言として、日本では、柳田国男（一八七五─一九六二）の『先祖の話』（一九四六）がよく知られている。本書は、継承されてきた家の先祖祭が死後にも関係する霊魂の営みであり交渉だと説いている。

家の問題は自分の見るところ、死後の計画と関聯し、また霊魂の観念とも深い交渉をもってい（る）……祭はすなわち一家の裡において、遠い親々と子孫との間に行わるる歓会でありまた交感であった。……仏教もまたつとにこの［仏法と先祖祭との］差別を承認して、教理の許す限りというよりも以上に、先祖を追慕する各家庭の感覚と、協調して行こうと試みていた。この点がすこぶる五百年前の、切支丹伝道の態度とは違うのである。

柳田がいう先祖を追慕する家の祭りは、柳田自身触れているが、例えばお盆などを思えば判りやすいだろう。柳田は、この先祖の祭りが先立ってあり、仏教はこれに協調したが、キリシタンは違っていた、とも考えている。通常、この柳田が指摘するような先祖追慕の祭りは、近世により発生した家中心の信仰であり、仏教もそれに融合して祖先崇拝になってしまった、と考える。しかし、柳田は、家・先祖追慕こそ日本の数千年の伝統であり、それへの信仰をこそ維持すべきだ、と考えている。次の指摘である。

力の及ぶ限り、現在我々が善しと信ずる方向へ、変わらせていくように骨折らなければならぬ。すなわち家というものの理想は外からも内からも、いい頃加減にしてほったらかしておくわけにいかぬのである。日本のこうして数千年の間、繁り栄えて来た根本の理由には、家の構造の確固であったということも、主要なる一つと認められている。そしてその大切な基礎が信仰であったということを、私などは考えているのである。

こう見てみると、この永遠に近い「家」「先祖」「信仰」というものの内容は簡単ではない。とはいえ、この「日本の……数千年の間」の家の信仰が、「すこぶる五百年前の、切支丹伝道の態度とは違う」といった指摘は、どういうことだろうか。またその「基礎」とされる「信仰」はどのように持続したのだろうか。

これは彼にとっての「家」「先祖」とは一体何なのか、よく調べ考えてみる必要がある。私自身は、柳田論としての答えはまだ見えない。ただ、この柳田の主張は、戦争においての家の壊滅を見たがゆえに、この持続を戦後さらに述べたのではないか、とも思える。だが、歴史に含まれた死の体験が柳田の「家」からは消えている。ならば、その家やその祭りは、戦争に向けて自滅した「国」を越え得ないのではないか。

戦後・折口における神道宗教・人類教

対して、折口信夫（一八九七—一九五三）は、同様に民俗学・近代国学者と分類されるが、柳田よりもむしろ戦争とその体験をよりふまえている、と私には見える。実際、彼は養子春洋《はるみ》の戦時中の死をも踏まえ、その戦争体験の中から考えをあらわしている。その折口は、家族・氏族を越える考えをもち、神道を国家に抑え込む近代的常識を再考させようとする。戦後、折口は、天皇は神ではなく神道の神の超越的たるべきこともまた産霊が基礎にあることを説き、また罪責論をも神道に見出す。

この折口への把握はどうだっただろう。詳細な折口論としてではなく、こうした戦時中の体験から戦後に現れ出る折口信夫は、これまでどう捉えられていたのだろうか。

神道家の側からは、戦後折口を余りよく見ない、むしろそれは時代に応対する発言とみるのが正統派のようである（戦後神道神学者・上田賢治など）。またキリスト者の側から、折口を詳細に辿り、折口は運命によく取り組んだもので、彼の考えは未だだが、キリスト者にこそ責務を与えるといった立論もある（濱田辰雄『神道学者・折口信夫とキリスト教』一九九五）。また精神史としての幅広い把握もある（中村生雄『折口信夫の戦後天皇論』一九九五）。最近は、近来の折口研究の総合ともいうべきものもある（安藤礼二『折口信夫』二〇一四など）。

私自身は、濱田辰雄氏の問題意識をさらに引き継ぎ、死を担った体験のいわば托身・受肉からの発言として折口を捉えれば、と考える。そうすると、柳田が「切支丹伝道の態度とは違う」といった際の「違う」ものにより似るが、ともかく「先祖」というだけでない人間自体により繋がる、と思う。実際、折口はこうしたことを考えている。いくつか要点だけでも見てみよう。

折口のこのあたりに関わる戦後の言説は大体次のようである。まとめるなら、否定するものとして、①神道は宗教ではない〔神道無宗教〕、②神道は日本だけのもの〔民族教〕、③天皇が神である〔天皇天子即神〕、④神道は罪をもたない〔神道無罪〕、という考えがある。また肯定するものとして、⑤神道は女帝をも見出すとの考え〔女帝考〕、⑥神道は産霊・生命をもつという考え〔産霊考〕がある。戦後展開したこのあたりの論文を列挙すると次のようである。

神道宗教化の意義（一九四六年八月講演、四七年一〇月刊）　〔神道無宗教〕否定
女帝考（一九四六年一〇月）　〔女帝考〕肯定
神道の友人よ（一九四七年一月）　〔神道無宗教〕否定
天子非即神論（一九四七年一月）　〔天皇／天子即神〕否定
民族教より人類教へ（一九四七年二月）　〔民族教〕否定

宮廷生活の幻想――天子非即神論是非（一九四七年二月）　［天皇／天子即神］否定
神道とキリスト教（一九四八年六月）　［神道無宗教］［民族教］否定
道徳の発生（一九四九年四月）　［神道無罪］否定
神道の新しい方向（一九四九年六月）　［産霊考］肯定
民族史観における他界観念（一九五二年一一月）　総括

以上のように捉えたのは、否定の前の［　］内に、近代通常の神道解釈の要点があり、肯定の前の［　］内に、折口自身の主張がある、と判りやすく見たいからである。

すなわち、折口は、神道は無宗教であり、罪を持たない、民族教である、天皇即神である、という通常の神道論を否定する。ということは折口にとって、神道は宗教であり、罪責をもっており、日本民族だけのものではなく人類のものであり、天皇は神ではない。そして女帝があってよく、また産霊を見出すといい、とさらに主張するのである。ここからだろう、折口は、キリスト教に近づいており、また女性性を見る面でカトリックに似るともいわれる（濱田達雄・藤井貞和など）。たしかに、折口にキリスト教への意識が強くまた彼が女帝を捉え煉獄まで扱っている点で、彼はカトリックないし戦国・近世初期の「キリシタン」と自分を関係づけようとしていたのかもしれない。むろんそうだとしても戦後の折口自身はそうした「分類」に入ろうとはもう思っておらず、宗教自体を考え、そこに神道や自分を位置づけたかったのだろう。

折口信夫「神の国」の現代的意義

遺言ともいうべき「民族史観における他界観念」（一九五二）は、以上を継承しながらも更に霊魂の位置・在り様を捉えようとする。文中の小タイトルは右左へ三層で並べると以下の通りである。

永遠の信仰
完成した霊魂
未完成の霊魂
祖先聖霊と祀られぬ魂
魄
護國の鬼　私心の怨霊
荒ぶるみ霊
念佛踊り

成年式の他界に絡んだ意義
奴隷のある観察
他界と　地境と
前「古代」における日本
海彼の猛獣
宮廷神道と真実性と
近代民俗の反省
大空の他界

他界の生物
ぜうすとらあと
地下國、
他界の並行
とてみずむ起原の一面
沖縄式とてみずむ
動物神話 植物神話

本論の中では、従来の神道解釈や柳田国男への批判が種々にある。霊魂論としては、あたかも本居宣長『直毘霊』、平田篤胤『霊能真柱』の次を述べるようである。折口はそうはっきり述べていないが、近世の半ば宣長によって成立した日本の万人を天照からの系統に位置づける枠組み、近代だとその天皇の国家への臣民の崇拝を位置づける営み、そうした閉じた系譜学を超えて、霊魂自体の位置づけを図ったのだろう、と本稿からは考えられる。とにかく、「民族教より人類教へ」の如く、民族系譜ではなく宗教自体に関わろうとしている点で、篤胤をさらに発展させようとしているともいえる。

歴史を遡るなら、日本において戦国末・近世初期にはっきりあってその後ずっと展開することになった、二つの宗教的物事がある。一つは、柳田國男が遡るべきと考えた祖先の政治的枠組に押さえ込まれる如き現象の展開またそれをめぐる国民化である。もう一つは、諸宗教の超越性・根源性の減少による秩序内化とキリシタン排除等による世俗化である。前節で見た否定・肯定はその限定に対してある。折口信夫は、民族教や無宗教論や天皇即神論ではなく、それを超えた超越性、足下の根源性を志向すべく、キリシタンで消した問題をむしろ遡って持て、とまで考え、その在り方をさらに模索しているようである。

折口のこの論文で印象的なのは、先の小タイトルを見ると判るように、折口にとって霊魂の「完成」が課題となっており、そして現在がまだ「未完成」で完成にいたる途中だ、とも考えているらしい点である。また物事を排他的に捉えるのではなく、位置を持ちながらも動物や植物をも捕らえている点である。この排他性を超える考えが、宮廷の絶対性ではない「真実性」や「反省」あるいは「奴隷」を見出す態度にも繋がっている。そのことが、実際に彼自身の他界・産霊における言説「神の国」にも繋がっていた。「近代民族の反省」というタイトルの節は、元来は山の民だといわれた島国の日本人にとって他界は何か、という議論から次のように述べて論を終えている。

海を離れて山野に住んだ時期の伝承ばかりを持つと思はれる日本人だから、高天原他界説が正しいと言ふのも、単に直感にのみ拠つてゐないだけに信じたい気が深く動くが、此とて日本国家以前・日本来住以前の我等の祖先の生活を思ふと、簡単に肯ふことは出来ない。他界には、二種類あって、浄土・楽園とも言ふべき神の国だけではなく、奈落・鬼畜の国なる地獄がある。この一方を言って居つて、必他方の聯想を放すことは出来ない。併し亦、一つ〳〵別に言ふこともある。この場合、神の国の中に、若干鬼の国の意味を含めて、他界を語って行く方が、却て、他界論は片手落ちにならずに済むであらう。

折口信夫は、山のある島で高天原を思うだけでなく、難しくともそれ以前の祖先の生活とその他界を思え、という。するとそこに「神の国」としての他界があるが、それは、浄化された楽園としてだけでなく、地獄や様々なものが中にもう一つ意味付いている、という。

戦後、折口最後の論といえる「民族史観における他界観念」は、彼にとって天皇を神とすることなく亡くなった春洋と共に人間とし、そこに見出される「神の国」についての思考でもあった。戦争直後に捉えられたこの課題は現在にも示すものであり続ける。「神の国」は死を知ることとまた否定的な世界を知ることによって改めてあらわれて来る。折口たち戦争を担った人たちはその事実を日本に伝えるようである。

第五章　神の国と公共性の構造転換

稲垣久和

一　日本のキリスト教の特徴

日本のキリスト教宣教は一六世紀にまでさかのぼる。

すでに仏教の救済観が民衆の中に行きわたっていた中でのキリスト教受容は、仏教の影響を受けたことがうかがえる。日本人の手による初のキリシタン文書『妙貞問答』はその興味深い資料である[1]。神仏儒の日本的宗教とキリシタンとの優劣を論じたものである。その中心テーマを一口で言うと「現世安穏、後生善所」であった。極めて浄土教的な霊性であり救済論と言ってよい[2]。その後に明治期にプロテスタント宣教が開始されたときも、その受容の仕方はやはり似たような救済論中心であった。一部には欧米近代文明とキリスト教を同時に受容する人々もいたがそれは多分に啓蒙主義と一緒くたになっていた。特にプロテスタントの場合、「信仰のみによって義とされる」という救済観がややもすると「信心のみによって救われる」といった浄土真宗的な救済観に類似していることもあって、イエスによってもたらされている「神の国」に参与していこう、こういった福音が本来もつダイナミズムに乏しかったのではないか。今日、「救い」の捉え方を根底から吟味しなおす必要があるのではないか。

なぜ日本のキリスト教の体質が〝浄土教〟的になってしまったのか、これについてはそれなりに理由がある。当然ではあるが、仏教も日本の仏教はインドや中国のそれと異なって日本的仏教となっている。儒教（儒学）も中国や韓国のものと発展形式が異なる。仏教、儒教の日本伝来は紀元六世紀だ。仏教は奈良・平安から鎌倉時代に至ってようやく日本独自の鎌倉仏教を生み出し、今日に至っている。そして鈴木大拙の『日本的霊性』によれば、仏教は鎌倉期の浄土教と禅という形をとって、日本の民衆的な生活上の霊性と結合して、日本仏教は世界に通用する深みを発揮することとなった、という。その時の霊性の目覚めは仏教が〝大地性〟を獲得したことによる。殿上人としての貴族階級から、武士といった大地に根ざした階級の登場と呼応している。大拙によれば浄土教、特に親鸞による大地性の獲得とともに「絶対他力」の思想は、他の仏教諸派をしのぐ普遍的な救済宗教の形を整えた。そして今日、確かに浄土真宗は日本の民衆に一番多く信者数を得た宗派である。しかし大拙は神道には独自の霊性を見ず、日本の基層宗教とも言われる祖先崇拝も宗教的霊性としては評価をしていない。ただ知識層はともかく、民衆の間では、一般的には死後の安寧ないしは極楽への往生を願った祖先祭祀の霊性が強いことは否定できないであろう。

したがって、知識層には絶対他力の「無縁の大悲」(3)（禅的に表現すれば「超個の個」）に基づく救済論、民衆には死後の極楽往生への救済論、といった意味では確かに浄土教は日本人の霊性に深い影響を与えたし、今も与えていると言ってよいだろう。これが知識層と民衆を貫いた広い意味での日本的霊性を形作っているので、筆者はこれを〝浄土教〟的と呼ぶのである。これに道元、栄西の禅や日蓮の法華系仏教を加えれば、そしてこれらの鎌倉仏教の影響を受けた仏教系・神道系の新宗教を加えれば、まさに（世論調査が毎年示しているように）日本の総人口の三〇％は宗教的信仰に深くコミットしていると見て間違いないであろう。信者の教団内の相互扶助にも強いものがある。深く日々の信仰にコミットしていなくても葬儀や墓参りなどの習慣を考慮すれば、これらが日本人一般の宗教的霊性を色濃く特徴付けている。もっとも日本宗教には一部には極めて現世的な志向を持ち、天皇を中心にした〝神の国〟と保守的政治勢力と結びついた部分もあって、単純化できない。ただキリスト教も、例外はあるが、全体としては、逆に、このような広い意味での〝日本的霊性〟の中に取り込まれた可能性は多分にある。筆者はこのように考える。

聖書的キリスト教の中心的テーマ「神による世界の創造と契約の民」といった大きなストーリー把握は、いまだに日本のキリスト教徒に弱い。「創造と和解」という人生観・世界観形成のメッセージとして意識して受け取り、人生の全領域で規範となる生き方を与えてくれる、こう捉えていない。今のままでは、日本のキリスト教はいつまでも仏教に似た救済論中心でいくだろう。高齢化社会の到来でますますその傾向は強まっている。

仏教が「神がいなくても救済がある」という主張をかかげているために、たとえキリスト教に回心しても「唯一神の人格的支配」という信仰的認識が育たない。そのために、個人の生活上の指針とするレベルではあっても、市民としてのコミュニティ形成への参与という面が弱いまま、私的な救済信仰（極楽・天国にあこがれる宗教）で終始してしまう。そういう意味で日本でも、キリスト教信仰は最初から私事化（privatization）されていると言わざるを得ない。戦後のキリスト教も、たびかさなる「信教の自由」を脅かされる政治状況の再来の中で、(4)いっそう個人主義化してしまった。このままでは教会の公共的使命を議論する前提が形成できないままである。

教会の二階建て構造（隅谷三喜男）というわけだ。日曜日には二階で西洋神学書に基づいた牧師の説教がなされ、一階に降りてきた信徒はウイークデーには残業、残業のモーレツ社員ぶりを発揮して、長時間労働に耐えて生活費を稼がざるをえないでいる。「早くこの苦役から逃れて天国（極楽）で楽をしたい」、これが日本の平均的サラリーマンの本音ということであろう。教会と〝世俗〟の双方にまったく接点がない。独特な聖俗二元論の構造をしている。むしろ戦後の日本のキリスト教は、後述するように、決して意図したわけではないが、結果的に、経済価値を謳歌する自由主義を助長してきた面がある。他方、ひるがえって今日の日本の社会生活の価値観には原理原則が全くない。大企業といわれたところの多発する不祥事もそうであるが、二〇一七—二〇一八年に安倍晋三政権が与党絶対多数を背景に見せた政権運営はまさに民主主義の危機を露呈した。政治家と官僚たちが国家の中枢部分で平然と虚偽の答弁を繰り返す様はpost-truth（真理の死んだ時代）を深く国民に植え付けた。

社会は大きく傷つき病んでいる。経済生活でもこの三〇年ほどの間に（新自由主義と呼ばれる経済政策のゆえに）格差と分断が著しくなり、人々の幸福形成の価値観にキリスト教の規範性が必要とされている時代であるにもかかわらず、この日本の状況になんらの答えも与えることができないでいる。

よく現代日本人は無宗教と言われるが先述の通りそうではない。約三〇％の人々は何らかの宗教的信仰にコミットしている。では残り七〇％は無宗教かというとそれも違う。墓参りや神社参拝が習俗である平均的日本人は、一方では高度な科学技術の社会に順応して日常を生き、他方では浄土教的な祖先崇拝と死後の極楽への成仏を期待した信仰に生きている。

筆者はこれを「近代／伝統」（科学／宗教）の二元論と呼び、西洋近代社会以上に強く二元論が支配している社会だと考えてきた[5]。ここで「近代」と呼んでいるのは、政治・経済・科学などの西洋近代が生み出した制度のことである。西洋では、後述するように、このような聖俗二元論は思想史的にはカントによって定式化された。カントなど読んだことのない日本の民衆でも、表面的には、日々に日本的宗教風土に生きかつ近代的科学技術の便利さ（ICT・スマホなど）に生きる。そのことに何の矛盾も不都合も感じない。完璧な二元論という形については、西洋近代と類似の世界観的「構造」がある。日本近代史の専門家が「疑似宗教的な非合理性が儀式と神話を伴って再生し、それに奉仕する高度に技術的な合理性が相伴う」と観察していることに賛同する[6]。ところが、こう言った風潮が、少しものを深く考える人々には、〝和魂洋才〟の近代化の終局を招いたヒロシマ・ナガサキの悲劇、原発事故後の無責任な後始末、国会議決における目に余る多数の横暴等々、その責任をないがしろにする社会の体質を生み出していることと同根だ、と気づかれている。今の日本で「義に飢えかわく」といった、または「大義を四海に布かんのみ」（横井小楠）といった価値観は完全に流れ去ってしまったのか。

仏教は創造神なしの高度な救済観を与え、儒教は親密圏の人のモラルと倫理観を与え、神道は天皇を中心とした一見安定した統治と市民宗教の感覚を与えている（二〇一九年五月一日にはすでに新天皇即位の儀礼さらにはそのあとに大嘗祭[7]が予定され、日本列島のメディアはこの種の話題の狂騒曲を奏でるであろう）。こうした神仏儒の編み上げた〝日本教〟があればキリスト教は必要ない、との錯覚を一般民衆に与えても不思議はない。ここに欠けているのは何か。それは一口で言えば市民的公共性である。もっともキリスト者の数が増えれば、それですべてが解決するのか、と言えばそれもまた違う。キリスト者がイエスの「神の国は近づいた」というメッセージに真摯にコミットしようと努力しているならば、そしてそれを他者と共有しようと努力しているならば、それはそれで宣教の健全な姿、すなわちキリスト者としての使命感に生きている姿と筆者は考える。同胞の間に山上の説教の価値観、特に幸福論が達成されているかどうか、これが一つの鍵になるだろう。「地の塩、世の光」として少数でもキリスト者や教会が公共的に市民の「幸福」に資しているならば、人間を人間として「神の像」として承認する社会に生きているならば、それは「神の国」の福音に生きているのであろう。(8) もちろん、これまでもこのような生き方をされてきた先輩キリスト者はいたし現在もいる。

むしろ、ここでの筆者の目的は、「神の国」のメッセージを意識的に公共性の議論に乗せることである。なぜならイエス・キリストの教えとは本来そういうものであると思うからである。

それはキリスト教宣教の捉え直しを要求する。たとえ信仰告白しているキリスト者が少数であっても、すでに到来している神の国の証人として生きようとしているかどうか、ということである。そして、神の国の価値観に共鳴する人々と協働作業しようと努力しているかどうかということである。キリスト教宣教のパラダイムシフトを提案したい。「神の国」の価値観への賛同者を増やせるコミュニケーション能力、ここに今後の日本宣教の鍵がある。より具体的には、後述するように、日本の場合に第四セクターに属する教会が、特に、第三セクターとの協働によって公共圏に言葉と行動においてメッセージを発し、人を派遣しているかどうか、それが問われていると考える。

キリスト教の創造信仰とそこからくる規範性、そして十字架による神と被造物の和解と世界の回復のメッセージ、これを抜きにして、今日の世界や自然環境問題や持続可能な社会の営みに意味づけは与えられない。今のままでは、日本の社会は戦後に蓄積してきた富が失われ、不正義と貧富の格差の増大、社会的孤立、労働量の過重、女性と子供の人権、分断の政治、将来世代への無責任さ等々が修復され回復されない。グローバルな競争に耐えきれず、将来への展望がえがけず、徐々に崩壊していくように見える。日本的原理主義（天皇を中心とする「神の国」！）の台頭を静観する以外にもはや術がない。別に天皇がそれを望んでいるということではなく、日本の伝統に一見忠実に見せているグループがネット等を駆使しつつ、天皇の民衆人気に乗じてそれを企図している。いわゆるナショナリズムの日本的形である（「想像の共同体」＝ベネディクト・アンダーソン）。「神の国」への正しい理解とその柔軟な適用が望まれる。

第一章で紹介された聖書学者N・T・ライトの斬新なアプローチはどこにあるか。それは、現代哲学の聖俗二元論を払拭できる批判的実在論と世界観に立ちつつ、文献実証的考察を重ねているところにある。特にイエスの神の国の福音が、単にイスラエルの回復ではなく「創造の回復である」と言い切ったところは実に興味深い。終末論との関係では「世界が火によって溶解するという信仰はストア派の考えである」と言いつつ「回復的終末論（restoration eschatology）」を以下のように繰り返し強調する。

この（悪の）歪みの結果、人間は創造主から受けた栄光、創造世界を賢明に管理するという責任を失ってしまった。イスラエルの召命は、創造主である神の代理人として、失われてしまった

ものを創造世界に取り戻すことなのである。(9)

広義のレベルでは、ユダヤ人の契約神学は、創造主がご自分の被造世界の反乱によって決して打ち負かされることはなく、ある民を呼び起こし、彼らを通じて被造世界の回復の業を成し遂げるだろうということを主張する。(10)

神の秩序は真のアダム、つまりイスラエルによって創造主の楽園の状態に回復される。イスラエルは偶像礼拝を根絶し、創造主に従い被造世界を賢明に統治するだろう。(11)

契約の目的を第一レベルから見れば、イスラエルの召命は、その根本的な目的において全被造物を救済し回復することにある。このつながりを見損なうと、唯一神信仰と選びというイスラエルの根本的な教理の意味を理解し損なうことになる。(12)

「創造の回復」という神の国論の現代聖書学的成果を踏まえつつ、以下でまずは聖俗二元論の出所を明らかにする。

二　神の国　アウグスティヌスとカント

（一）中世と近代初期

プラトンの哲学、すなわち「イデアの世界」対「現実の世界」というタイプの二元論はアウグスティヌスに強く影響し、それ以降も西洋思想史において形を変えつつ生き残った。それは、啓蒙主義哲学者イマヌエル・カント（一七二四―一八〇四）にも見られる。そしてカントの神学への影響もドイツ語圏神学を通して甚大なものであり、いまだに根強く生き残っていると言ってよい。今日の日本のキリスト教も、特にプロテスタント主流派はその影響下にあると言えるだろう。

現代のキリスト教が思想的にも堅固なものとして受け入れられるためには、カントの批判を十分に受けて立つものでなくてはならない。カント的二元論の現れ方は西洋思想では多様であるが、本論稿では現代にも影響力のある「科学vs宗教」といった側面の二元論批判に焦点を合わせて議論していくことにする。

西欧キリスト教の初期に多大な影響を与えたアウグスティヌスの『神の国』（四一三―四二七年）、これは壮大な世界観を持った歴史哲学である。ただイエスの説いた「神の国」を主題にはしていない。それでもその後に、歴史の中で教会がたどった歩みを顧みるときに大いに参考になる。『神の国』には「神の国」対「地上の国」という二元論に陥りやすい誤解を与える面があった。確かにアウグスティヌスにはネオ・プラトニズムの影響が強い。

アウグスティヌスの『神の国』が西洋思想の二元論の淵源ともなってしまった理由は、本の中で記述されている *Civitus Dei, Civitus Terra*（神の都市、地上の都市）の対比がかなり強調されたからだ。一口で言えば、アダムとエバの原罪による罪の支配、その子カインとセトのそれぞれの子孫たちの歴史、神を崇める者たちの国と神を否定する者たちの国の対比、という叙述である。この古典的名著は、高度に科学技術の発達した社会にもう一度読み直しを迫られざるを得ない。アウグスティヌスの「神の国」の概略は以下のようである。

全二二巻からなる『神の国』、その第八巻以前は異教宗教への反駁、第八巻以降は哲学諸説への言及となる。特にプラトンへの評価が極めて高い。たとえば第八巻第五章「それゆえ、プラトンが、知者とはそのかたにあずかることによって至福となるところの神にならい、そうした神を承認し、そうした神を愛する人のことである、と言っているとすれば、なぜわたしたちは他の哲学者たちを吟味する必要があろうか。プラトン派の人々以上にわたしたちに近いものはないのである[13]」。

神の国と地上の国の淵源と発展をつづり、地上の国は天使の堕落から始まるとする（第一一巻）。そして歴史は人間の父祖アダムの原罪から始まる（第一三巻）。特にプロテスタントに関心のある個所、意志の自由、予定論については救いの予定であって地獄への予定はない、と語る（一四巻）。一四巻の末尾二八章は大そう重要な箇所なので一部を引用しておこう。

それゆえ、二つの愛が二つの国を造ったのである。すなわち、神を軽蔑するに至る自己愛が地的な国を造り、他方、自分を軽蔑するに至る神への愛が天的な国を造ったのである。要するに、前者は自分を誇り、後者は主を誇る。なぜなら。前者は人間からの栄光を求めるが、後者にとっては、神が良心の証人であり最大の栄光だからである。前者は自己の栄光としてそのこうべを高くし、後者は、神に向かって「わたしの栄光よ、わたしのこうべを高くするかたよ」と言う。前者においてはその君主たちにせよ、それに服従する諸国民にせよ、支配欲によって支配されるが、後者においては人々は互いに愛において仕え、統治者は命令を下し、被統治者はそれを守る。前者は自分の権能の中にある自分の力を愛するが、後者はその神に向かって「わが力なる主よ、わたしはあなたを愛そうとする」と言う(14)。

ここに現れた宗教的反定立（religious antithesis）は明瞭であろう。

第一五巻以降は開闢以来の二つの国の歴史、旧約聖書と他の文献、ローマ史に至るまでの記述である。全体としてネオ・プラトニズムの色調が強いのはぬぐえない。

「神への愛」と「自己愛」の対比が神の国と地上の国を区別する。もっとも教会が神の国そのものではないし、地上の王国がすべて罪に汚れたままでもないだろう。また「自己愛」がすべて否定されるべきものでもないし、自分を軽蔑することが「神への愛」ということでもないだろう。ちなみに*Civitus Dei*（City of God）は神の都市であって、聖書のイエスの言う神の王国（Kingdom of God）ではない。都市は王がいなくても成立する。しかし神の王国はイエスという王がいなければ成立しない。この紀元五世紀に書かれた歴史哲学が、その後の西ローマ帝国滅亡後の西洋キリスト教文明の中で、現実の教会と諸国家の複雑に絡み合った確執を予言しえたのかどうか、大いに疑問のあるところである。

アウグスティヌスの「神の国」の理解は中世の教会の権威を基礎づけた。一六—七世紀の宗教改革そして宗教戦争を経たウエストファリア体制（一六四八年）で、一躍、「地上の国」は主権国家として歴史の主役となる。しかし現実には、アウグスティヌス的な「神の国」と「地上の国」は複雑に絡み合いつつ宗教改革も進行したし、科学の誕生、基本的人権（民主主義）の成立、資本主義の発展を促して、いわゆる西欧近代を生み出し、その後の人類文明を導くことになる。そして一八世紀以降の米国およびフランス革命後のキリスト教と文化の歴史、二〇世紀初頭のオランダのアブラハム・カイパー、スイスのカール・バルトの神学にまで、このアウグスティヌスの発想はいつでも一つの基準となり受け継がれてきた。

ところで、西洋における「神の国」の大きな転回点は、近世の神学者ではなく哲学者カントにおいて起こった、と筆者は考える。なぜなのか。その極めて重要な意味をこれから考察する。

（二）近現代における「神の国」

① カント

カントの「神の国」はアウグスティヌスのように「地上の国」との対決として位置づけられていない。それでも強くプラトン主義的である。どういうことであろうか。

アウグスティヌスから一三〇〇年も経った一八世紀のヨーロッパでは中世・近世と続いた教会の社会への影響力が次第に弱くなり、かつて神学の奴婢であった哲学は、逆に今度は神学の上位に立ち、神学を法廷に引き出してきてその権威を尋問した。一六―一七世紀の宗教改革運動によって、カトリックとプロテスタント諸派の間で宗教感情が激しくぶつかり合う戦争を繰り返したことへの反動でもあった。たとえばカントは戦争の原因になった宗教からではなく、むしろ理性的に平和を説く『永遠平和のために』を書いて、実践理性に支えられた「神の国」と平和を結びつけている。[15]「自分の側こそが神の真理だ」といった宗教感情のぶつかり合いではなく「あなたに与えられた理性を使用する勇気を持て」というわけだ。

カントの宗教批判は体制内化した「教会」が説くところの〝実定宗教〟についての批判である。とは言ってもカントは、実は、この宗教批判書において同時に理性批判をも行っている。つまり『純粋理性批判』や『実践理性批判』において示したように、理性の限界をも哲学的に検討しているからである。『純粋理性批判』が科学的認識を吟味し『実践理性批判』が科学的認識には入らないと思われた自由、神、道徳の基礎づけを行った。

しかしながら、このようなカントの「理論理性と実践理性」の区別も実は明らかにプラトン的伝統の中にある二元論である。カントの中で「科学（自然）vs自由」の対立は「超越論的理念の第三の抗争」という概念として、調停の不可能な純粋理性の二律背反（アンチノミー）として残ってしまった。[16]この延長上にある「科学的認識と道徳的認識」（科学vs宗教）の二分法はその後の哲学と神学に強く影響を与えた。ただし、今日においてこのカントの見方はそのままでは成り立たない。筆者はかつてこれを複雑系哲学の発展の中で詳述した。[17]それでも、今日、カントの道徳哲学や実践理性への新たな解釈が公共哲学における正義論において盛んに議論されるようになったので、以下で筆者の立場からのカント解釈を「神の国」との関連において簡単に記しておきたい。

カントの場合、フランス啓蒙主義者また一九世紀になって登場するフォイエルバッハ、マルクスなど唯物論者と違って理性万能、科学万能という立場は取らない。「科学vs宗教」ないしは「理性vs信仰」という具合に、科学的認識や理論理性的活動とは切り離されたところに、それと対立するものとして宗教や信仰を置いた。言い換えれば、その場所において宗教や信仰に居場所を与えた、と言ってもよいであろう。カントの時代、体制内化したキリスト教への批判運動に敬虔主義があった。敬虔主義の家庭に生まれたカントは〝信仰〟を否定し去ることはできなかったのであるが、理性の優位は譲ることができない。近代後期に至って教会の権威の失墜、それとともに啓蒙君主によって導かれる国家の地位が上がり、同時に国家によって資本主義や科学の発展が強力に推進されたことを反映している。

こういったいわば「科学vs宗教」の二元論の立場は、ヨーロッパ史とは異なる道を歩んだ日本においても、「構造」的に宗教が占めている伝統的なありかたに近いであろう。なぜなら日本の近代史において近代科学は欧米から輸入したのであって、日本の宗教とは最初から何の関係も持たなかったからである。にもかかわらず天皇を中心に近代化を急ぐために、国家神道を民衆の伝統宗教などを利用しつつ浸透させたからだ。いや他のアジアに先駆けていち早く浸透させることができてしまったと言った方が正確である。いわば合理と非合理が人々の心に不安定に共存する構造となったのである。先述したように筆者はこれを、日本における「近代と伝統の間の絶対的弁証法」ないしは「和魂洋才による近代化の破たん」、といった名称で呼んできた。(18)

西洋思想においては、神の存在しないことが証明されない限り、宗教はその存在を否定されることはない。したがってカントによって哲学的に明瞭に与えられた「科学と宗教」の二元論は、「科学vs宗教」として解決の不可能な絶対的弁証法とならざるを得ない。日本においては仏教すなわち神の存在を前提にしない救済宗教の伝統が強く、明治近代から現代に至るまでの民衆の文化的現実である（神が存在しなくても〝救済〟がある、という認識が重要である）。したがって日本でもその思想と生き方において西洋思想と別の意味であるが「科学vs宗教」を根底に持つ強い二元論を構成している。こういった事情からカントの二元論的哲学は、その後の欧米の神学的展開（ヘーゲル、シュライエルマッハー、リッチュル、キルケゴール、バルト等々）への影響作用史を教科書的に追うよりも、その二元論の意味と意図するところを、より深く、現代日本の神学陣営が研究すべきであると考えている。

カントは宗教哲学を主題にする前にすでに「実践理性批判」（一七八八年）でプラトンの最高善と神の国の関係について次のように書いていた。

キリスト教の教えは、たとえそれがまだ宗教の教えとは見なされない場合でも、以上の点にかんして最高善の（神の国の）概念を与えるのであり、そしてそれのみが実践理性のもっとも厳格な要求を満足させる。道徳法則は神聖（仮借ないもの）であり、道徳の神聖性を要求する。(19)

カントの神の国はギリシャ哲学の最高善と結びつけられ、さらには道徳一般と結び付けられる。

道徳法則は、とはいえ、それだけではなんら幸福を約束しない。幸福は、自然秩序一般の概念に照らしてみると、道徳法則の遵守と必然性的に結合してはいないからである。キリスト教の道徳説は、そこで、この欠如を理性的存在者が道徳法則に全霊を捧げる世界を神の国として示すことによって補う。神の国においては、自然と道徳とは、それぞれが単独ではたがいに調和することなどとは、縁遠いが、神聖な創始者を通じて調和するにいたり、神聖な創始者はこうして派生的な最高善を可能ならしめるのである。[20]

このようにカントの「神の国」は「神聖な創始者」という言葉からも明らかなようにキリスト教から借りてきた概念ではあるが、微妙にプラトン的な本体の世界に移されている。道徳哲学を基礎付けるために持ち出されているものであって、聖書のイエスが説く「神の国」のメッセージと直接の関係はない。極端に倫理化された概念であった。しかも続けて「道徳の神聖性は、理性的存在者にたいし、この世の生においてすでに規準として示されるが、これに比例した幸せ、つまり浄福は、永遠において到達しうるものとしてのみ表象される」と語るに至ってはどうなのか。ますます浄土教的な宗教意識に近くなる。これが日本的な宗教「構造」により適合しているのは明らかであろう。

カントが宗教に対してある位置づけを与えたのは、科学のみによっては道徳や人間の悪の問題が基礎付けられないからである。そこで本格的に宗教を主題とした著書『たんなる理性の限界内の宗教』（一七九三年）を書くことになる。その前半は根源悪についてであり、後半は道徳の国としての「神の国」についてである。

カントの意図ははっきりしている。人間が道徳法則を認識しそれを義務付けるために世界の創造主としての神を、また永遠の生命を望んで救済主としての神を信じることは必要ではない。道徳法則の立法者は理性であってもよい、ということである[21]。また「真なる宗教はひとつしかないが、信仰にはいろいろな様式がありうる[22]」とも言う。

カントの宗教は聖書の信仰に基づくものではなく、理性に基づくものである。その理性は科学的認識のための理性ではなく、実践理性と呼ばれる理性である。「純粋実践理性にもとづく宗教は、組織形態も規約も必要としない」。それは「人間のあらゆる義務を遵守しようとする心情のありかた」という内面性に根ざしたものであり、「教条や戒律にではない」ということなのだ[23]。これも教理や戒律を重視しない日本人の宗教観に近似している。

啓蒙主義者のカントにとって、人間であればどんな人も必ず自律した理性を持っているのであり、これが道徳、社会倫理、公共生活一般の基盤となるべきであったのだ。「人間は道徳的意味において何であろうと、何になるべきであろうと、善にせよ悪にせよ、人間はそれに自分自身でなるにちがいない、あるいはなったにちがいないのである[24]」。

神学はその後、このカントの宗教哲学の影響を強く受けた。一九世紀から二〇世紀にかけてシュライエルマッハー、リッチュルそして宗教史学派さらにはトレルチ、ウエーバーへと続く流れがそれである[25]。結局、カントの二元論に抗し切れず、神学から理論理性や科学への取り組みはなされることはなかった。これが今日の西洋における神学の衰退を招いている。逆に、聖書が〝実証的〟な科学的研究の対象になり、歴史的書物としての分析に委ねられた。神学思想そのものは実践理性すなわち倫理学の方向への傾斜を強くした。神学はいきなり天下り的に創造「啓示」を前提にすることができなくなったのである。神の創造啓示など神話だ、として科学や啓蒙的理性からの攻撃にさらされたからである。そこで科学的真理とは切り離されて、宗教的真理と称して聖域を作り、結局は私事化して実存主義神学へ傾斜することとなり、最終的にはブルトマン的な非神話化論へと至る。[26]全般的に知的学問のサークルから除外されていった。科学が明らかにしていく世界の認識論的把握は神学とは疎遠な事柄となり、神学はもっぱら倫理・道徳の分野の事柄として生き残りを余儀なくされた。

そのやや変種とでもいえるのは、日本で戦後に近代化論として強い影響力をもったマックス・ウエーバー（一八六四―一九二〇）のエートス（倫理）論であろう（本書で筆者自身は「ウエーバー」と表記する）。

②　新カント派の影響――ウエーバー

a．近代化と資本主義

ここで新カント派の影響を強く受けたマックス・ウエーバーについて一言述べておかねばならない。彼の『プロテスタンティズムの倫理と資本主義の精神』は戦後の日本の社会科学研究者たち[27]およびキリスト教陣営に大きな影響を与えたからだ。一七世紀ピューリタニズムと資本主義の起源との関係で大そう有名になった本である。これは典型的なカント的な「神の国」論に連なる救済論の影響を受けていて、日本の知識人に受容しやすかった。一六―一七世紀のカルヴァン派の特徴は信徒の召命としての職業の意義づけにおいて、創造論・和解論からくる恩恵論（共通恩恵論）にあった。しかしながらウエーバーは、これを救済論的な倫理と誤解して受け取ったのである。どういうことであろうか。
今日、資本主義の起源については諸説があり、ウエーバー説は歴史学の方面から多くの批判にさらされている。その中でも近年では、一五世紀半ばから一七世紀半ばまでを「長い一六世紀」と呼んだ歴史学者フェルナン・ブローデルの説が有名だ[28]。ブローデルの言うところによれば、資本主義の萌芽は一二—一三世紀の地中海貿易にさかのぼる[29]。いわゆる商業資本主義である。ここで資本主義を市場の上に乗っかって資本（金銭価値）の自己増殖を促すシステムと定義しておこう。信用制度と投資が中心にある。一八世紀産業革命後の産業資本主義はその商業資本主義を引き継ぎ、そして地中海から北方ヨーロッパへと中心地域を移す。主要都市で言えばベネツィア、アムステルダム、ロンドン、そしてニューヨークへと中心が変遷した[30]。このような資本主義発展論はウォーラーステインの「近代世界システム論」に受け継がれている[31]。近代世界システムとは一五世紀末から一六世紀初頭にかけてヨーロッパに生まれた社会システムであり、特に、いくつもの都市国家、成立途上の国民国家、帝国などを包含する「経済システム」のことであって単一の帝国のような「政治システム」ではない[32]。このような経済システムが資本主義時代を開始させ一七世紀、一八世紀とすすむにつれ強化されていった[33]。この資本主義は世界経済であるから一国で閉じることはできないし、当然、中核諸国と半周辺諸国に分かれそのまま放置しておけば格差は広がっていく。

ところが、ウエーバーのヨーロッパ近代化論は産業資本主義だけを問題とした。「脱呪術化」と「目的合理性」で特徴づけられる近代化論である。総じて近代とは神話的、呪術的な価値は少なくなって合理的な価値が支配的になる。近代を特徴づける観念として、この二つは確かに妥当しているように思える。特に合理性については、いったん出来上がったこの思考パターンは科学的思考の基本だから、科学技術による近代化、資本主義的市場化を通して世界に広まっていった、これはまったく納得できる説明だ。

教育を受けた人々や知識人の世界だけでなく一般人もそうである。技術による生活スタイルの変化、商品経済の便利さなどを通して大衆のものとなっていく。合理的ものの考え方を受け入れることによって、文化全般が大きな変動を受けることとなった。これが人類史を他の時代と大きく分けた近現代文明の特徴である。

どの文化圏でもそうであろうが、中世までは神話的な世界観が強く支配していて、合理性なるものはまだ誕生していない。少なくとも民衆の考え方を支配していなかった。しかし、確かにそのような合理性といわれる近代の特徴がヨーロッパ世界のみに現れた。なぜなのか。神話的なもの、呪術的なものが後退して〝合理的なものの考え方〟が全面に出てくる、この思考パターンがなぜこの地域で生まれたのだろう。ギリシャ哲学による「理性の尊重」、それも一つの伝統であったろう。デカルト的合理主義もそれに含まれる。もう一つはキリスト教の伝統が強く働いたということである。

ヨーロッパ近代はルネサンス（ギリシャ的なものの復興）と宗教改革（聖書的なものの復興）に始まる、このことに異論はないだろう。では、聖書的キリスト教のどの点が大きく影響したのであろうか。筆者の答えをあらかじめ述べておくと、それは「創造の神」と「契約の民」、この二つであって「救済の神」ではない。「契約」は商取引の契約とは異なり「恩恵の契約」と呼ばれるものである。宗教改革の運動を通してルター派は信仰義認論によって救済論を強調し、改革派は「恩恵のみ」の教理を救済論から創造の回復すなわち和解論へと拡張した。

ウエーバーの近代化論をここで一通り批判的に検証することは、ポスト近代の生き方を問うわれわれにとって大きな意味がある。ウエーバーとの関係で、日本に広まって受け入れられている仮説がある。それは「世俗内禁欲」「予定論」といった宗教改革と関係させられた資本主義のエートス（倫理的精神）論であり、日本の社会科学者にはいまだに影響力が強い。だがしかし、実は、これが大きな誤解だったと筆者は考えるのである。なぜこれが誤解なのか。

ウエーバー評価については日本の社会・人文科学者の間で多くの議論があった。筆者はそれら議論とは異なって神学的な側面をあげることからスタートしたい。というのはこのウエーバー説の根本はキリスト教神学的なものであったのに、ほとんどまともな批判を受けていないからである。特に日本ではそうである。いや欧米ですらそうだったのだ。英国の歴史神学者のアリスター・マクグラスは次のように述べている。「キリスト教神学者にとって、カルヴィニストの霊性とヴェーバーが発見した『近代的資本主義の精神』との間に密接な連関を認めることはむずかしい[34]」、と。さらに続けてこうも言う。

彼ら（この方面の膨大な文献を書いている学者たち）はある宗教的な教理と態度の関連する意味を正当に評価できるのに必要な神学的知識に欠けている。ヴェーバー自身もこの困難さを例証している。著作全体を通じて、彼は議論の最中に突然、「資本主義の精神」からカルヴィニストの「召命」の教理に飛んでしまう傾向にある。両者の結合は頻繁に主張されるのだが、明確に説明されることはまれで、理論的なレベルでは決して満足のいく説明はなされていない。

全くその通りだ。ウエーバーの「召命」や「予定論」とは言うまでもなくキリスト教教理である。日本では、多くの知識人の間に神学的知識がほとんどないのはやむを得ないことかもしれない。だからといって「予定論」や「世俗内禁欲」を誤解したまま、社会科学者の権威ばかりが鵜呑みにされてしまえば、それは西洋文化受容として大そうゆがんだものになってしまう。

そして、筆者の考えによれば、ウエーバーの近代化論の意味およびその影響を受けた戦後啓蒙のあり方（後述）をきちんと認識できなかったがゆえに、日本の社会科学は戦後の、特にバブル崩壊（一九九〇年）以後の社会的現実に、ポスト近代なるものに対して、社会理論の側から十分な学的責任を果たすことが出来なかった。そしていまだに果たせていない。(35)

b. ウエーバー説の誤解

ウエーバー説ないしはウエーバーの著作の読解への誤解の論点は大きく分けて二つある。まず第一点について。何よりも、ウエーバー自身が資本主義の起源と宗教改革の因果関係を否定していることがある。彼は、宗教改革が産業資本主義の直接の原因になっているということを言っていない、そのことに注意すべきだ。彼ははっきりと次のように指摘している。

ところで、他面また「資本主義精神」は宗教改革の一定の影響からの結果としてのみ発生しえただとか、また経済体制としての資本主義が宗教改革の産物であるというような馬鹿げた空論を、決して主張したりしてはならない。資本主義的経営の重要な形態の或るものが宗教改革よりも遙かに古いということは、論者が私を批判する場合に用いるので有名になっているが、この事実からだけでもそうした空論の成立しえないことがわかる。[36]

ウエーバー自身が「空論」と言っているのだ。それではいったい、ウエーバーがやろうとしたことは何なのだろうか。続けて述べている。

宗教改革期における物質的基礎、社会的政治的組織形態とその時代の精神内容とが相互におそろしく複雑に影響し合っているという点を考えると、さしあたっては、特定の形態の宗教的信仰と職業倫理との間に、果たして、またどの点で一定の「親和関係」が認められるか、ということを究明していくよりほかに道はない。[37]

「資本主義が宗教改革の産物」なのではなく、両者の間に「親和関係」があるのではないかというのである。単なる「親和関係」で止めておけば問題はない。それが、いつの間にか、ウエーバー自身が「資本主義のエートスは宗教改革の意図せざる落とし子」と因果関係に言及していくことが誤解のもとになる。先のウォーラーステインの詳細な分析によればこうである。「ウエーバー流に、プロテスタントの神学がカトリックのそれより資本主義に適合的だったからなどというのではない。……抽象的な思想史の次元でなら、『カトリックの倫理と資本主義の勃興』と題する説得力豊かな書物も書けないものでもない。そのうえ、反対にカルヴァン派神学には反資本主義的な性格がある、と捉えることも不可能ではあるまい。したがって、ここでいおうとしていることは、ウエーバーのそれとは別のことである。思想史的には偶然としかいいようのない諸事情からプロテスタンティズムは、宗教改革時代には、強力な国民国家のなかで商業資本主義の発達を促す諸要因と混じりあっていた。というより、もともとプロテスタンティズムは、このような諸要因が強く作用している諸国でこそ発展したのである(38)」。

さらには、この「親和関係」というウエーバーの表現も、実は、彼自身が持っている新カント派的な「先行判断」に深く依存している、そのことを筆者はあとで述べたい(39)。ここからが誤解の第二点に入る。

Calling（ドイツ語の Beruf）という言葉が修道士のみに妥当する、と考えられた中世カトリックの時代の殻を破って「一般人の職業」の意味で使われるようになった。この理由が宗教改革者マルティン・ルターの「万人祭司」に始まる。つまり祭司や修道士のみが神から calling（召命）を受けているわけではない、キリスト者全員だ、と。これは確かに宗教改革期の聖書的真理の再発見である。だからこそキリストの教えを信じる一般のキリスト者も、この世の職業にその意味を考えて注意深く専念していれば、立派に神からの「召命」を果たしているということになる。ルターやカルヴァンらの宗教改革によって修道院が廃止されたわけだから、これはウエーバーの指摘を待つまでもなくまったく正しいだろう(40)。世俗の労働は価値がある。問題はその先である。

新カント派の発想の基本は聖と俗の二元論である。ここで聖とは何か、俗とは何か。カントに由来する近代啓蒙主義の二元論とは「自由意志の世界」と「機械的決定論の世界」の対立であった。カントの用語では大雑把に科学に由来する「純粋理性」と道徳に由来する「実践理性」の区別であり二元論的になる。新カント派では、一方での科学の時代の機械的な決定論的世界観（俗なる世界）、他方で自由意志と道徳の機能している実践理性の領域（聖なる世界）、この間の二律背反である。ウエーバーが「禁欲」を見ているのはこの俗なる世界である。修道院（聖なる世界）を廃止したプロテスタント的精神は、世俗の職業のうちにおいて修道院のような「禁欲」的態度を持ったとしたのである。

聖俗二元論に反して世俗の労働は意味がある。召命（calling）とは本来、人格神の恩恵への喜びの応答としての労働であった。キリスト教の回復された世界観では、人はそもそも現世に肉体をもって創造されてエデンの園で地を耕し、作物を生産する喜びを与えられた（創世記一、二章の記述）。しかしウエーバーの描いているのは運命論的で機械論的な労働のあり方である。ここには喜びがない。単なる機械的な筋肉的反復のみのロボットのような人間観があるのみである。[41] そして、ウエーバーがこのような認識に至ったのは一九世紀的な理神論（機械仕掛けの神）の眼鏡をかけて一七世紀のピューリタン信条を解釈していたからだ。[42] これは一六世紀のカルヴァンの救済論の一部として知られる「予定論」とは何の関係もない。「予定論」という「救済論」に基づくのではなく一般信徒の労働への召命と意欲は「創造論・和解論」に基づいていたのである。「予定論」と無関係なことは、実際に「付録　ウエーバーの神学的議論」で詳述しているようにウエーバーの書いているものから検証ができる。

③ ポスト啓蒙主義に向けて

ウエーバーをはじめ当時の理神論的な世界認識がなぜ生じたのか。それはニュートン力学の成功が哲学に影響したことによる、啓蒙主義の認識論が背景にある。啓蒙主義はまさにカントに代表されるような「科学vs道徳（宗教）」の二元論的思考によって特徴づけられるのである。ハーバーマスがウエーバー宗教社会学の精緻な分析の中で次のように指摘している通りである。

たとえヴェーバーが価値領域を機能的に収集したり、記述的な態度で取り扱いながら、それを体系的に整序したり、形式的観点から分析したりする試みを自からはしなかったとしても、このような理論的基盤は新カント派的価値哲学の背景なしには理解しえないのである。価値の実現という哲学的構想を用いて生活秩序の社会学的構想を説明しないと、ヴェーバーの合理化の理論を始めから見誤ってしまうことになろう。[43]

ウエーバーは脱呪術化と目的合理性という二つのテーゼを、この新カント派の価値哲学の背景の中で一般化したのであった。そのために彼の説は二つの弱点を持つ。一つは、プロテスタントの宗教観は理神論とまったく異なるということがあいまいとなった。理神論は科学から派生したものだが、科学を方法論として位置付けることができずに世界観として採用してしまうのである。そのため、逆に、西洋近代に発達した科学の本来的な文化的な意味づけが不可能になってしまった。[44] 科学的思考はキリスト教から見れば「創造論」に基づくものであるが、そこから切り離され、キリスト教は単に倫理のみに矮小化された。もう一つはそれと関係するが、キリスト教本来の友愛倫理を評価できなくなった。ハーバーマスは述べる。「ヴェーバーは、いったい如何にして社会的合理化のそうした（心情倫理の道徳的＝実践的合理性が功利主義によって取ってかわられてしまうような）自己破壊的範型をどのように説明するのであろうか。（ヴェーバーの）プロテスタンティズムの倫理は既に友愛という構成要素を捨て去ってしまっている」(45)。

こうしてウエーバーの描く〝プロテスタンティズム〟の人間像とは、実際は一九世紀的啓蒙主義の価値観である。それは自己救済のみの関心と個人主義であり、その「自己利益追求」の帰結として出現する「目的合理性」である。この「目的合理性」が効率よく機能するシステムが官僚制（第一セクター）と資本制（第二セクター）であり、この二つのシステムの出現の説明には確かに都合がよかった。

しかし、今日われわれはポスト啓蒙主義に向かっている。キリスト教から引き出すべき倫理の基本は、むしろその啓蒙主義と正反対の人間像に基づく「友愛と連帯」の倫理観であり、こちらの近代化論こそが、今日の日本の市民社会と民主主義が必要としているものである。一九世紀半ばのドイツのキリスト教界に限ってすらも、資本主義の進展に伴う貧困や弱者支援に教会はディアコニア運動をスタートさせたし、農民層に対するF・W・ライファイゼンによる協同組合を通してのキリスト教的「友愛と連帯」の地域づくりが取り組まれ、各国に影響を及ぼし今日にもそれが実っている(46)。しかし主流の考えでは、ヨーロッパの近代化わけても産業革命と資本主義による富の蓄積には、〝キリスト教国〟として「自己利益追求」を容認していったプロセスがある。資本主義発展の個人主義的なエートスの面を見るならば、むしろ「禁欲」の反対の「欲望の解放」が顕著であり「私悪すなわち公益なり[47]」ということであろう。今こそプラトン主義的二元論を克服した「友愛と連帯」によるキリスト教世界観から大いなる批判がなされるべきである。

ウエーバーの社会哲学のあり方で言えば、カントの影響が大であった。そこでカント以来の二元論を克服する現代哲学の方向について簡単に付け加えたい。筆者の目的は、もしカントを重視するのであれば、カント認識論の中にある「理性の公共的使用」に注目し、これを根本から〝構造転換〟することにある。筆者はこの方向で公共哲学を展開してきた。

デカルトやカント以来の「物体と精神」（科学と道徳）の二元論的認識論の克服が筆者の四世界論（後述）である。二元論を超えて三世界論を出した科学哲学者のカール・ポパーの合理的実在論を、さらに社会哲学の領域にまで解釈学的に拡張したのがユルゲン・ハーバーマスであった[48]。彼はカントの二元論的な認識論すなわち「決定論と意志の自由」の詳細な吟味をしつつ次のように語っている。

心的なものと物理的なものにあわせて調節されたそれぞれの言語ゲームをどちらか一方に還元することはうまくいかない以上……経験主義的な言語ゲームがわれわれをそこへと制限している観察者のパースペクティヴは、コミュニケーション的かつ社会的な慣習的実践への参加者のパースペクティヴと交差されなければならない。われわれは一人の人格において、観察者であるとともにコミュニケーション参加者でもあるのである[49]。

「心的」「物理的」「観察者」「参加者」という言葉の使い方に注意して欲しい。こうしてカント的な

「決定論と意志の自由」の相克はあれかこれかの二元論を乗り越える。つまり複雑系科学から発展させた脳科学の成果をも考慮しつつ、脳神経系、観察者個人、実践への参加者といった三段階レベル、すなわち物理的意味のレベルと心的な意味のレベルとさらには社会的意味のレベルの違いを階層的に併せ持つリアリティ把握へと導かれていく（三世界論）。ハーバーマスがさらに「認識のカント的な諸前提を脱超越論化するという提案を伴なったプラグマティズム的な認識論はともかくも正しい方向を指示しているのである」[50]と語るときに、さらなる脳神経科学からの研究成果を考慮することができ、ここからも「心」にスピリチュアルな意味の次元という新たな創発（四世界論）を予見することができるであろう。

このような新カント派的な二元論の学問的知識論が是正されていくのは、実に二〇世紀終わりになり複雑系の科学や哲学の進展があってからであった。科学は絶対の真理を表現するのではなく実在全体の一部分の法則の定式化だ、という理解である。こうした科学哲学との対話がきちんとなされた神学方法論が提起されない限り、神学に起死回生の術はない。神学者がいきなり「啓示の絶対性」など持ちだしたところで、科学時代の世の知識人はもはや聞く耳を持たないであろう。

神学陣営の中でこのような問題提起を真正面から受け入れたものは少なかったが、その中でも、特に、オックスフォード学派の批判的実在論は大きな貢献をした。アリスター・マクグラスの科学的神学 Scientific Theology（2001–2003）が包括的にこの作業を行っている。[51] すなわち批判的実在論という包括的哲学の立場を確立することにより、ここから科学と神学の十分にかみ合う現代的対話が可能になったのである。この批判的実在論によって〝科学的世界像〟（R・ブルトマン）なるものに対して十分に認識論的批判が可能になった[52]。つまり、ブルトマンが非神話化論の前提にしていた二〇世紀の人々が持っているとされた〝科学的世界像〟、この絶対性が現実的にはもとより哲学的にもすでに崩れてしまっているということなのである。これによって近年のN・T・ライトら聖書学者の「創造と民の契約が聖書の主題である」という主張が、学問的認識のテーマとして批判的実在論のもとにはっきりと知的レベルで語れるようになった。

④ ハーバーマス

社会学的問題もある。ポスト近代は、宗教復権の時代である。今日、グローバルな世界政治をも左右するようになったイスラーム教勢力をどう評価するのか。

こういった西洋の思想状況の中で、むしろ哲学者の側から、カント批判を通して宗教への真剣な取り組みが始まっていた。哲学的にカント批判をすることが、カントの宗教の捉え方をも吟味する糸口を与える。現代哲学者の中でも包括的な社会哲学として『コミュニケーション的行為の理論』（一九八一年）を打ち出したハーバーマスの場合を見てみよう。

公共圏における対話的討議を重んじるハーバーマスは、「ポスト世俗化」の時代に宗教的価値は民主的討議に不可欠と位置づける。それはモラルを市民社会に与えるために必要なのである。筆者がハーバーマスに着目する理由は、彼がカント以降のドイツ神学の行く末をきちんとフォローし、現代神学が公共圏から撤退して「私事化」したことを以下のように指摘しているからである。

（シュライエルマッハーの仕事により）神学は、その教義的な中核を扱うために最善の学問的諸方法に訴えることによって、目立たないうちに大学の内部で他と並ぶ実践的学科として存在することができるようになる。もっとも、一九世紀末と二〇世紀初頭の文化的プロテスタンティズムは、宗教と近代、信仰と知の優雅な和解のためにシュライエルマッハーがどのような代価を支払ったのかを明らかにすることになる。社会への教会の統合と信仰の私事化とは、超越との宗教的関わりからその世界内的な爆発力を奪ってしまうのである。(53)

ハーバーマスはこうして信仰の「私事化」を指摘したあとに、カントの『たんなる理性の限界内の宗教』に対してポスト世俗化時代に適合した興味深い読解をしている。

それは彼が、今日において宗教的価値の再考を試みているからである。カントの啓蒙主義の時代以上に、宗教に正当な位置づけを与えることが哲学的に必要だと感じているのである。筆者自身はカントの二元論哲学の解消を実在の複雑さに着目して批判的実在論として行ってきたが、ハーバーマスの手法もそれに近い。それはつまるところ「ポスト世俗化時代」を公共哲学的に意味づける作業である。

宗教を再評価するからといって、決して理性の位置を下げるわけではない。そこで以下でハーバーマスの言説を整理しつつ、カントの宗教哲学を現代のコンテクストで評価してみる。

カントは理性の範囲内において、宗教すなわち聖書の中心的内実の信仰内容を救出しようとする。ただし彼にとっては、道徳法則の内容に関して、その道徳的立法者が神であっても理性であってもどちらでもよい。(54)カントは、聖書はわれわれ自身の内なる道徳律によって解釈されるべきであるといい、罪、贖罪、和解といった救済的コンテクストを背後に押しやる。[55]しかしながらカントの手法つまり「実践理性の使用を、厳格な義務倫理を道徳的に立法することを超えて、神と不死性の仮定的ではあるが理性的な要請にまで拡張すること」、これは問題をはらむ。[56]これは明らかにカントの越権行為である。基本はギリシャ的最高善であると言いつつも、実際には聖書的キリスト教について「カントは、宗教的な意味論がもつ世界開示的な力を目立たずに先取り」している。[57]つまり、最初に理性を優位におくようなことを述べたのであったが、結局はキリスト教を裏から導入して、キリスト教に依存しているのである。

しかしそのことは逆に、カントの言う公共的（öffentlich）共同体を現代に生かしていくときに役に立つ。つまり「とりわけカントの興味を引きつけたのは、組織された信仰共同体が『地上における神の国の創始』に対してなす貢献である」[58]。キリスト教の世界に広がる「公同の教会」という発想を使いつつ、制度的なしかも道徳によってできあがる教会とは別の「倫理的共同体」に翻訳するための手法を与える。[59]「法的―市民的」公共体とは国家のことであるが、これと区別してカントは「倫理的―市民的」公共体を現代に築き上げる可能性を与えるからである。「政治的共同体の『法的―市民的状態』（国家）と並んで登場する、徳の法則のみによって組織された共同体の『倫理的―市民的状態』という概念によって、カントは、『理性的世界存在者の究極目的』に対して、新しい間主体主義的な読み方を与えている」[60]。つまり、国家とは区別される、今日的な「市民社会」の存在、とりわけその担い手としての第三セクター（後述）の重要性を示唆しているのである。

さらには「カントに抗してわれわれはまず、神の国あるいは『倫理的共同体』という表現は、本来的に複数形である」[61]ということを確認しなければならない。これが一八世紀西欧的啓蒙主義の標榜する普遍主義と異なって、現代のグローバリズムの多元主義の現実である。たとえ「神の国」が複数であっても、そして究極的目標を掲げる宗教的世界観が複数であって互いに相違していても、「この相違は、それが無言の敵対へと導いたり暴力の温床となるべきでないならば、公共的な討議において言葉へともたらされなければならない。ここにおいて哲学は翻訳者の役割を果たすことで道徳的、法的、政治的な一致を促進することができる」[62]。

現代の宗教に対して両端に二つの道がある。一つは近代的護教論の立場である。これは古典的護教論とは異なって、信仰伝統「の名において」語るのではなく信仰伝統「に関して」語る。それは今日の批判理論からヴィトゲンシュタインまでも用いて宗教の認知的構成部分を理性的に正当化しようとする。諸科学や民主的法治国家という挑戦に対して教義的に満足できる答えを見出すという目標を持っている。

もう一つは科学主義の立場である。ここでは、宗教的言語ゲームは社会的に制度化された諸制度の水準に達していない、として退けられる。ただしだからと言って、科学主義の方がその客観主義の言語をもって生活世界において宗教的言語ゲーム以上に高い水準にある、そのことも検証できないのである。

以上の両端に対して、第三の道がある。ポスト形而上学的な現代に宗教的信仰を尊重して、かつ公共的に討議可能な場所を造るための道である。それは「近代的護教論」のようにある特定の宗教の妥当性を想定するのでもなく、また「科学主義」のように、宗教伝統全体に認知的な内実を認めないということでもない。いわば不可知論的なポジションである。この不可知論のポジションについても二つの立場がある。「信仰の実質を哲学的概念に止揚しようとする合理主義的アプローチ」と、「宗教的伝統に対して批判的と同時に学ぶ用意のあるように振る舞う対話的アプローチ」とを区別したい。後者の場合は宗教の妥当性に関する問いは宗教の内部の論争に委ね、宗教的伝統から認知的な内実を救い出す討議にのみ興味を持つ。そして、それが当該信仰共同体を超えて公共的理由を持つ可能性を探ろうとする。このような寛容な態度に世俗的市民の意識が反映している。

そして「このような態度において、カントに由来するポスト形而上学的自己理解は、ニーチェをたてに取る新異教主義とは異なる」[63]方向に開示できるのである。

以上がハーバーマスの結論である。ハーバーマスは明らかにニーチェ的懐疑主義に対しては否定的である。彼は哲学的に宗教を救い出そうとしている。しかしカント的な二元論による救い出し方とも違う。

われわれはハーバーマスの「信仰の公共的理由」に賛同するのか、それとも「近代的護教論」の立場を取るのか。筆者のキリスト教哲学はどうか。筆者はハーバーマスの不可知論を拒否するが、しかし「近代的護教論」よりはむしろハーバーマスの立場に近い。哲学的批判を受け入れ公共圏での対話をおそれない、ということである。そしてこの立場こそが日本でのキリスト教宣教の突破口を開くと主張する。次節でそのことを説明する。

三　共通恩恵（common grace）に基づくキリスト教世界観
神の国と地上の国のせめぎ合い

（一）「異質な他者」との共存――市民的公共性

二点においてハーバーマスの議論を前に押し進める必要がある。それは不可知論ではなく十分に対話可能な普遍性をもった認識の理論（批判的実在論）である。二点のうち第一点は神の国の複数性についてであり、第二点は倫理的共同体といったときの「共同体」の意味についてである。前者についての議論を四世界論、後者についての議論を四セクター論と筆者は呼んできた。

① 四世界論の導入

先に「カントに抗してわれわれはまず、神の国あるいは倫理的共同体という表現は、本来的に複数形であるということを確認しなければならない」と書いた。なぜ複数になるのか。かつてヨーロッパが〝キリスト教国〟であった時代は、神は聖書に啓示された神であり、神の国は聖書が教える神の国であった。それ以外の可能性は真剣に考える必要がなかった（カントですらそうである）。

しかしヨーロッパは宗教改革そして啓蒙主義および産業革命と資本主義を経て、今日、ヨーロッパ以外の文化を公平に扱うべきグローバルな時代に入った。キリスト教が他宗教と共存していくべきは自明なことである。ごく一般的な言い方をすれば、宗教はそれぞれに真理体系を持っていると主張し、神（最高存在）のもとに認識や倫理的生き方が教えられている。それにもかかわらず諸宗教が共存するグローバルな世界で、互いが排他的にならず認め合わなければならない。キリスト教神学においても排他主義に対して、包括主義、多元主義などが提起されていることは周知のことであろう。[64]

今日においてキリスト教信仰に日々コミットして生きる人々が、自分の信仰を保持しつつ、なおかつ他宗教や他の世界観の存在を意味づけるにはどうすればいいのか。一言で表現するならば、これを神の創造した世界の多様性として見るということである。聖書的な創造論ないしは和解論の中で見れば、唯一の創造者なる神がいわゆる異教徒の存在を許容しているのも自明であろう。筆者は「許容」どころではなく、創造者なる神が異教徒の先祖となる人々とも契約を結んでいる、そしてそれがキリスト教徒にとっても大いなる「恩恵」である、と理解している（契約神学の伝統で言うならば神と人類の契約ということでいくつかの段階がある。選びの民との契約では創世記一二章以降に出てくるアブラハム契約から始まるが、しかしその前、ノア契約（創世記九章）が重要である。これは人類の代表者たち、被造物たちとの契約であったからだ）。キリストの到来は神と被造世界との和解と世の回復をもたらした。だからノア契約のことをアブラハム・カイパーは「恩恵の契約」のスタートと表現し、共通恩恵（common grace）の重要な出来事として見る。救済恩恵（saving grace）とははっきり区別をしている。そして、そもそも共通恩恵は人間の召命としてエデンの園から始まっている。イエスの贖いによって回復された「創造のよきもの」はキリスト者も非キリスト者も共に参加して「神の国」の平和と奉仕に生きる者となる。「創造—堕罪—贖罪（回復）—終末（完成）」の宗教的根本動因が重要である。まさに回復的終末論（restoration eschatology）である。キリストはいまや天にあって世の主権者として君臨し、やがて再臨のときにすべてを完成させるであろう。キリストの主権は被造世界のあらゆる領域に及んでいる。カイパーはこれを領域主権として各生活領域に与えられた自律性として理解した。最終的主権者はイエス・キリストであり（コロサイ一・一六）、キリストの主権のもとに「地の管理」（スチュワードシップ）（創世記一・二八）としての「文化命令」は遂行される。アダムの犯した背反行為（原罪）はキリストの十字架を通して神によって買い取られアダムの原義は回復される。(65) キリスト者はこのようにして神の前に召し出されている。

「共通恩恵」に基づく文化命令は抽象的なものではなく歴史的に検証できる。筆者は特に、先述したように、宗教改革以後のヨーロッパの一連の出来事に典型的に現れた、と理解している。宗教改革時に修道院的な召命 calling を一般信徒の職業人としての日々の職業への従事に置き換えた。つまり、聖書のみ、信仰のみだけであればどちらかというと救済的、制度的教会内の改革に終わり、聖職者間の論争で済んだであろう。ところが神はそれ以上のことを望んでおられた。宗教改革が当時の神聖ローマ帝国と呼ばれた地域のみならずヨーロッパの民衆（諸侯、領邦君主層、農民、商工業者）を巻き込むような、巨大な革命的な社会変革となった背景に、一般信徒への働きかけがあった。神は神の民を用いて新たな文化形成に向かったのである。修道院に入らなくても日常生活をしっかり全うすればよい、なぜなら神の恩恵はそこにまで及んでいるからだという意識、出家ではなく在家の運動であるための神学的根拠が与えられた。これが「恩恵のみ」の宗教改革的な大転換である。これは共通恩恵（common grace）として広く民衆生活全般の意味づけをも与えた。

この世での労働は喜びである。神の召命の自覚は労働者に勤労の倫理を与えた。その結果、財を蓄える場合もあればそうはならない場合もある。財を蓄えたからといって資本家になるわけではない。資本家になるためには異なるエートスを必要とする。最初から利益が出ればこれを独り占めして資本を二倍、三倍にしようという意欲、これを持っていなければならない。これを投資行動という。この人物がプロテスタントであってもカトリックであっても同じである。まさに一三世紀の商人資本主義から一貫した、利益獲得の精神が産業資本家を生み出した。それもウエーバーの言うように、資本家単独の個人的エートスのゆえにではない。国家と補完したシステムのゆえに、一八世紀以降の産業革命後に資本主義はヨーロッパにおいて形をもって成立したのである。[66]ただし他地域の犠牲のもとにということであったが。

キリスト教の世界観から言えば、今日の資本家の貪欲さは抑制されるべきである。特にICTと人工知能を駆使した金融資本主義にまで至ってしまった今日、ナノセコンドの単位で利益獲得にまい進する投資家の貪欲さとはいったい何なのだ。これをどう抑制し富の再分配を可能にするのか、今この重要なテーマの詳細に入っていく余裕はない。

最終的結論だけを言えば、百歩さがって、最初から利益が出ればこれを互いに分配して皆で楽しむ(協同、利益共楽)という倫理観の育成である。これがイエスの贖罪愛を強調する日本のキリスト者・賀川豊彦の社会連帯経済、すなわち協同組合運動の根本にあった発想であった。[67]

「恩恵の契約」の中心である主権者イエスを強調するカール・バルトにとってはどうか。バルトの「和解論」は大部な『教会教義学』の中心を占めている。世のすべての人間はキリストの和解のわざによってキリストと関わりを持つ、ということである。

世を御自身において神と和解させ給うた方は、この出来事の真の証人・宣教者として、ひとりではいまさない。世は、そして他の人間たちは、彼と関わりを持つだけでなく、彼と関わりを持つゆえに（まったく別の仕方でではあるが、そしてただ彼の現臨と活動に組みこまれ従属してではあるが）彼がその御言葉の力である聖霊によって（彼らの人間性がどれほど問題に充ちているにしても）御もとに召し給うた者たちとも、関わりを持つ。[68]

日本におけるバルト神学受容の歴史のまとまった研究書[69]の中で、寺園喜基は次のように指摘している。『義認と法』やその後の政治的論文からは基本的に何も学ばなかったのではないか。生の全領域におけるキリスト告白という視点がなかったわけですから、宗教は心の問題、あるいは説教の神学、それから政治的・社会的次元、倫理的次元は別だという二元論が実生活の中でも出て来る」（同書、四七四頁）。もしこの指摘のような二元論の弱点を克服していたならばどうであったのか。筆者が本論稿で主張していることはすでに日本の主流教会で取り組まれてきたのではなかったのか。

キリスト者の信仰告白の主観的に揺るがない立場、それにもかかわらず、「異質な他者」との協働のためにはもう一歩踏み出さねばならない。現代において神学的というよりも哲学的に宗教的信仰を厳密に定義していくときに、やはりある種の多元性が生じるからである。これは神認識の段階で生じるのである。そして、これがキリスト教信仰が公共的になる理由である。例えば分析哲学の中ではこ

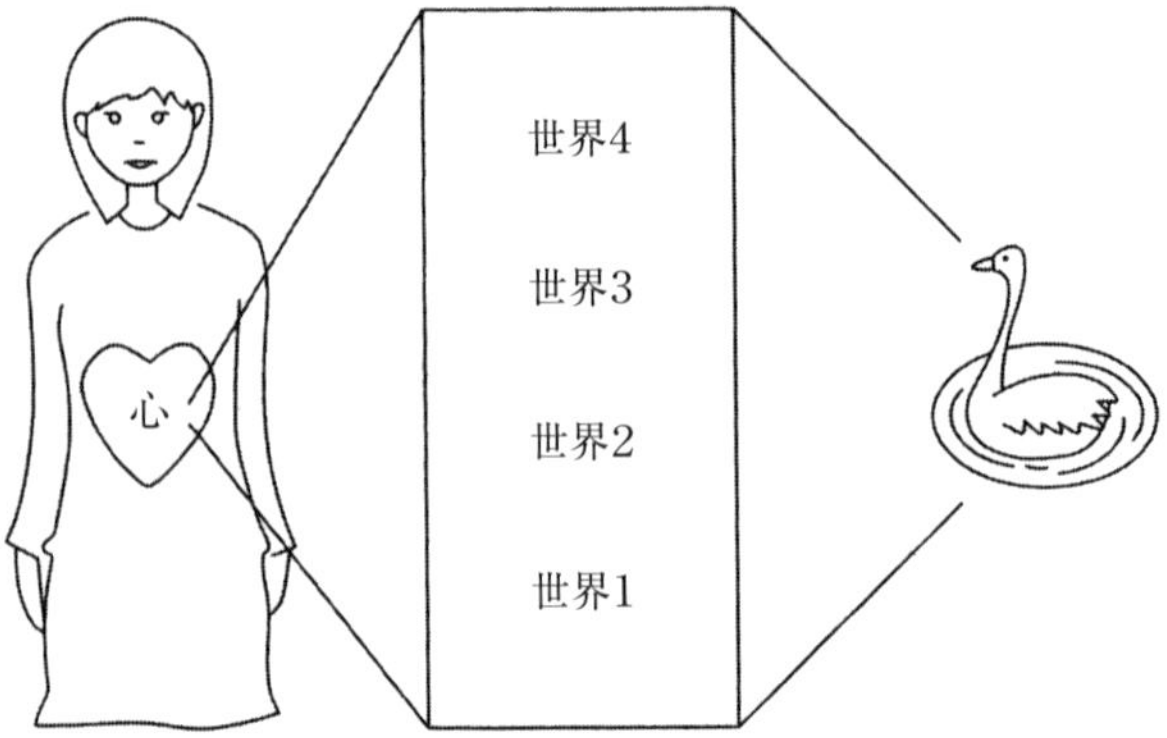

図１　四世界論（拙著『公共福祉とキリスト教』61 頁より）

れを認知的自由度（cognitive freedom）と呼んでいる[70]。人間の側からの認識はある種の「あいまいさ」を必然的にもってしまうのであり、私の見方とあなたの見方は同じではない、ということだ。ましてや宗教的信仰は厳密に一意的に決まらない、ということである。グローバルな世界で、伝統も宗教も違うところで生まれれば、違う宗教を信じるようになるのは日常のこととして避けられないのではないか、と。

認識とは私が世界を意味づけるところから始まる。日常の生活がこのことの繰り返しである。自然的な意味の世界から始まってスピリチュアルな意味の世界まで至る。例えばこういうことである。私は公園の池の前で子供たちが鳩にエサをあげているのを見ている。この鳩は地面に落ちたエサをついばんでいる（自然的な意味の世界＝世界1）。子どもたちはきっと幼稚園で〝はとぽっぽ〟の歌を習って鳩に親しみを感じているのだろうなどと連想した（心理的な意味の世界＝世界2）。子供たちはいつまでも戯れて遊び半分に交代で鳩を追いかけ回している

（社会的な意味の世界＝世界3）。新約聖書にこんな記述があるのを思い起こした。「イエスは神の霊が鳩のようにご自分の上に降って来るのをご覧になった（マタイ福音書三章一六節）」（スピリチュアルな意味の世界＝世界4）。

しかし違う意味をそこに読み取る人がいても不思議ではない。この日常の平和な光景から、公園に咲いている蓮の花に目をやって「お浄土の世界はなんと至福に満ちたことか」と感慨深く思う人もいるかもしれないからだ。私とこの人の眼前には同じ風景が横たわっていても、特に世界4において異なるもの〝として経験している〟（experiencing ~ as）のである。これが世界を意味づけるということであり、人はまさに異なる世界観に生きている。だから「神の国」は複数形なのである。筆者はこれを四世界論と読んでいる（図1）。

②　四セクター論の導入

実はこの「神の国」の複数性（多元性）は世界3（歴史性）と世界4（霊性）との絡み合いで生じていて宗教教団の社会的出現となる。社会には宗教教団（教会）のみならず多様な組織体が歴史的に分化してきた。紀元後のヨーロッパ史のみに集中すれば教会は明らかに公共圏の最も重要なアクターであった。

もっとも、どの文明圏においても基本的な社会組織（社会集団）は家族であり、それ以外にムラ（地域コミュニティ）、国家、企業などが典型であろう。特に政治と経済の世界に着目した場合に、経済人類学者のカール・ポランニーの提言が重要だ。

筆者の四セクター論の原型はポランニーの『経済と文明』(一九六六年)にある。[71] 彼は西アフリカのダホメ王国の伝統的社会の分析からスタートした。そして最終的に近代的な社会においても、国家的な「再配分」の他に「交換」「互酬」「家族経済」のように三つの非国家的経済の重要性を示した。ポランニーの功績は、経済といえばもはや市場経済(貨幣との交換)のことしか思い浮かばない現代人に警告を発し「互酬」と「家族」の重要性を示したことである。ポランニーは書いている。

「原始共同体においては、互酬性が経済の決定的特徴として現れるし、古代経済においては、中央からの再配分が広く行われている。より小さい規模ではあるが、農民の家族の生活パターンは家族経済である。しかし、互酬制と家族経済は、いかに広く見られたものであっても、交換に還元することのできるものだけを経済現象だとする近代の観察者には、不可視のものとしてとり残された」[72]。

ポランニーの「互酬制」と「家族経済」にヒントを得て筆者なりに今日に重要な政治的、経済的組織体を整理すれば、「互酬・非営利団体」(第三セクター)、「家族、宗教団体」(第四セクター)の導入となる。さらに第一セクター(国家、行政)、第二セクター(市場、企業)を追加して四セクター論と称している。これを単に社会的な「個人—集団」という軸だけでなく、より人文学的な「自己—他者」軸の上で意味づけたい。ここで縦軸の「自己—他者」軸が意味するのは「他者性」が増したところに、単なる社会学的分類ではなく倫理性を帯びた「公共圏」なるものが出現すると考えるのである。

宗教に関する制度は家族と同じように「親密圏」である第四セクターに属する。ヨーロッパにおいては、歴史的に教会の役割が大きかったのでこれが第四セクターに属するのは理解できるとしても、日本ではどうか。日本でも寺院など歴史上は大きな役割を果たしたし、今後は福祉の領域などで「慈悲の心」を社会に訴えていくためにも宗教団体の果たす役割は増えるであろう。しかし信者集団は同じ信仰を共有しているのだから、自己性の強い「親密圏」に属しているということは受け入れなければならない。

二つのことを注意したい。一つは互酬制と家族経済は市場経済に還元できない、つまり市場経済に解消・吸収できないということ。もう一つは家族経済という概念を導入するのであれば家族の絆（家族愛）というものを考察の対象にしなければならないということ。これらは現代にも当てはまる。筆者が家族セクター（親密圏）を加えて四セクター論を導入し、かつ福祉における「家族愛の社会化」という倫理的概念、さらにはそこから「互酬」ではなく「全き贈与」としての「慈悲の心」「仁の心」「隣人愛」を公共哲学で問う根拠になっている[73]。

したがって、市場経済が金融資本主義にまで至っている現代社会で、これを公、私、共という用語を使って公（再分配）、私（市場の交換）、共（互酬）と解釈するのは正確ではない。経済学関係の本にこのような記述が見受けられる。確かに初期の市場経済は私的所有を前提にした貨幣との交換のシステムを指していた。しかし、今日において、そして資本主義の成立期においても、市場の動向に政府の政策が影響を与えているのは自明である。市場は明らかにはじめから public（公共的）であって private（私的）ではない。むしろ今日では private（私的）とは家族であり親密な仲間であり、同質な宗教集団であって市場のことではあり得ない。

そこで、もしポランニー的な知見を現代に生かすのであれば、筆者が「公、私、公共の三元論」と

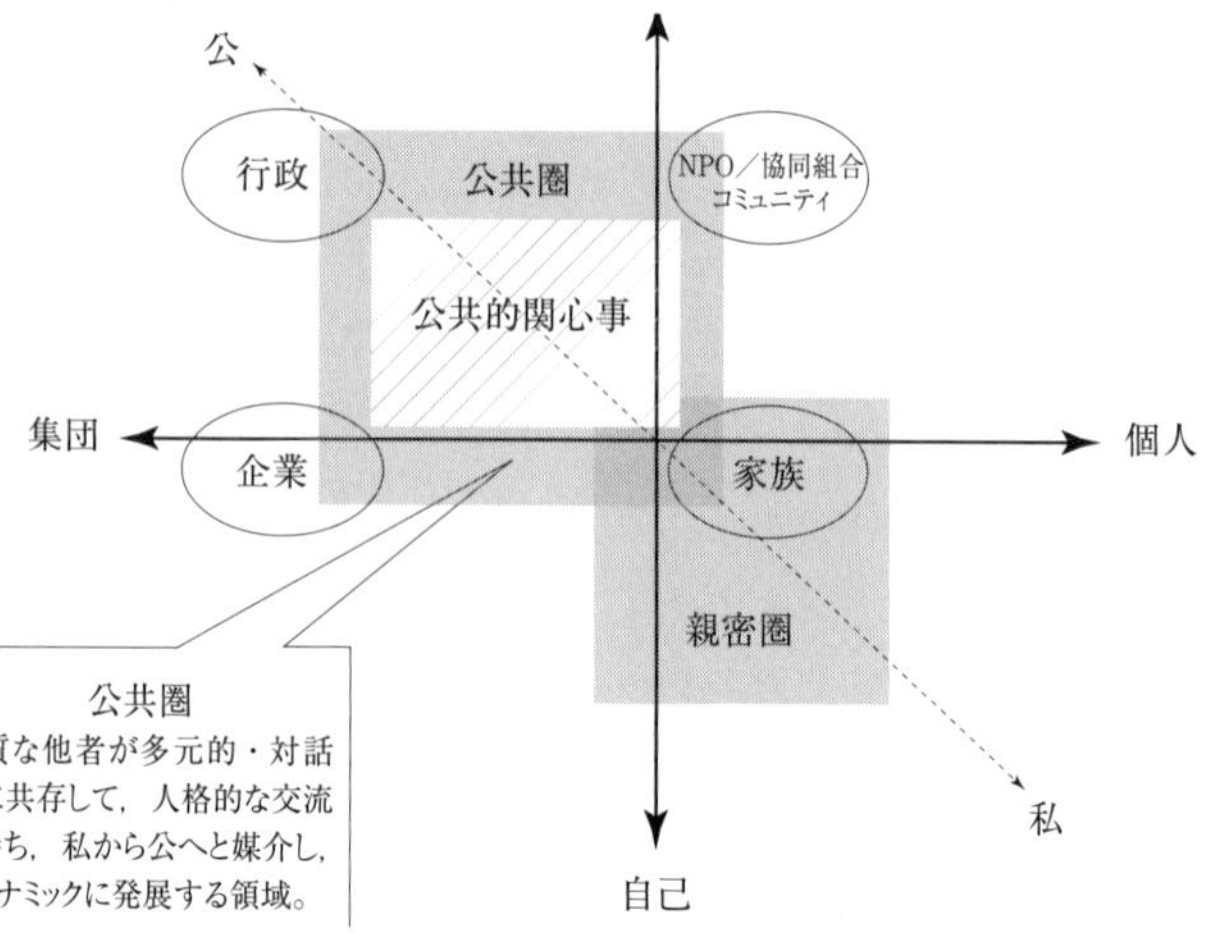

図２　四セクター論（『公共福祉とキリスト教』164 頁より）

政治的意味合いをもって分析してきた事柄を四セクター論において表現するためには、第二象限から第四象限に走る斜めの線を引く必要があった(図2)。親密圏における「私」から他者性のきわまった「公」(=国家、行政)へと媒介する中間の領域が公共圏であり、「公」と「公共」は厳密に区別されなければならない。この区別をあいまいにするといくら西洋思想の輸入に努力しても日本での民主主義の確立は不可能である[74]。こうして四セクターすべてが取り囲む対話的広場に公共圏が出現し、ここでの公共的関心事に対して各セクターや個人がダイナミックに参加して創っていく創発民主主義が重要だ。「新しい公共」とはこのように政治と経済の意味の混交した四セクターが、それぞれ同等の資格で公共圏へと発信できる市民社会を意味している。四セクターが第一セクターないし第二セクターにすべて包摂・還元されてしまうと全体主義ないしは市場原理主義が出現する。

この二つの還元不可能な「四」すなわち四世界論と四セクター論は神の創られた世界の構造であり、人類の国家出現の頃から素朴な形ではあっても存在する実在（reality）の構造である。[75] 現代の「神の国」論はこの点に多大な注意を払うべきである。

（二）公共性の構造転換――協働体へ

創造主なる神の主権はどこに働いているのか。第四セクターの教会のみであろうか。否、アブラハム・カイパーは「キリストが私のものだと宣言しない領域は一インチ四方といえども存在しない」[76]と言った。神の国とは今日においても神の現実の時間空間の支配全体のことである。だから神の支配は社会の四セクターすべてに及んでいる。問題はこれらセクター間に、神から委ねられた生活領域の主権（領域主権）をわきまえない主権侵犯がたえず起こることである。政府は政府として企業は企業として、神から委ねられた範囲内の権限を行使して、人の幸福に資していこうとするならば、それはそれで健全な神の国の統治である。神の立てた制度としての四セクターにはバランスがあった。そして四セクター論はヨーロッパ近代の影響が及んだところにはどこでも〝普遍的〟に成り立っていると言ってよい。ただし、いかにグローバリズムが進行しても、その反動としてのナショナリズムやローカリズムが顕著になってきている時代だ。グローバルなレベルでは、大資本の市場制覇すなわち第二セクターが強大な権力を行使しているのを人々は見て取っている。神の正義は浸食され、人の生きる生活世界は著しく搾取され植民地化されている。これを跳ね返すのは国際レベルでは国連またはそれに類した組織であるが、今はこの問題に深入りしない。

ここで問題にしたいのは、国内における領域主権の侵犯である。日本の場合は歴史的に第一セクターの力は強大であったし、現在もそうである。筆者の公共哲学はこれを〝滅私奉公〟と呼びそれに対抗する〝活私開公〟を主張してきた[77]。以下では賀川豊彦の先駆的働きの再評価として二つのこと、すなわち彼の中間集団論と「近代／伝統」の二元論の自覚からこれらのことを見直す。

賀川豊彦は、本書第二論文で見たように、「神の国」運動を単なる大衆伝道集会のみならず、貧困に対処する労働運動、自治的な諸協同組合形成の運動、そして平和運動を通して実現しようとした。特にそのために、協同組合による人と人の結びつき（人的結合体）を基礎にした新たな社会と国家の形成までを射程距離に入れていた。そして協同組合型の国家論まで提起していた[78]。いわば〝協同組合共和国〟とでもいえるものだ。

ただ、これについては多くの協同組合主義者がその「すべてを協同組合に置き換える」といった現実性を疑問視している。場合によっては、われわれの経済活動において市場の効率を認めなければならないからだ。むしろ今日多くの論者は〝協同組合セクター〟という議論に収斂している[79]。すでに述べた四セクター論の第三セクターがそれにあたる。ただし第三セクターというと非営利セクター一般を示すわけだが、これが日本では、ＮＰＯ法（特定非営利活動促進法）に限定される団体というような理解が行きわたっている。これは一九九八年成立のＮＰＯ法がアメリカの法律をモデルにしたので、そういうイメージが出来上がってしまったというにすぎない。しかしながら筆者が『公共福祉とキリスト教』で書いたように、ヨーロッパでは非営利団体といえば伝統的にそして現在でも協同組合的（co-operative）な団体・法人（association, corporation）を指すのであって、アメリカ的なＮＰＯという発想はほとんどない[80]。案の定、日本では、NPOは自前で事業を立ち上げることが難しく今日では資金調達に大いに苦労している。アメリカ的な寄付文化がない所でアメリカ的なNPO法を採用してしまったからこうなるのである。

そこで日本では従来の協同組合を本来的な非営利事業体として再定義、再認識してこのグループを新たなNPO法で規定されたグループのように、メンバー外に益をもたらすグループへと変革していく必要があるのである。そのためには従来の協同組合と新たなNPOがもっと緊密に協働作業しながら、今後の非営利セクターすなわち第三セクターとして声を発信し、公共圏へと参加していく時代に入ったということである（これは認可主義から準則主義などの法改正をも伴う大きな市民運動の課題となっている）。

戦後日本では、アメリカ的な市場・企業（第二セクター）の導入と中央諸省庁（第一セクター）の強い統制の中で、いわば護送船団方式という形で驚異的な高度経済成長を招来した[81]。これに対してヨーロッパ大陸ではむしろ協同組合的結合（第三セクター）が一九世紀以来、比較的に発展していた。ハーバーマスは先に引用した著書でカントへの評価と同時に、カントの道徳哲学が啓蒙的個人主義を強めていることへの批判をも行っている。むしろ幸福のためには個人的な追求ではなく協同的（kooperativ）な追求が必要だ、と述べる[82]。カント哲学に独自の「現象の世界」と「本体的（英知的）世界」の二分法を回避するために、個人主義ではない協同的な「倫理的共同体」を構想している[83]。これはわれわれが日本で四セクター論によって公共圏を熟議のフォーラム（広場）として形成しよう、と主張したことと重なっている。

このようにして、カントの「神の国」とは異なるキリスト教の「神の国」との類比が可能になってくる。個人主義ではなく領域主権のはっきりした共同体それも非営利的第三セクターの存在を前提にして、第四セクター（キリスト教会）との協働により市民的公共性を作ろうとの企図が浮かび上がる。今日における「神の国」運動とは、教会が自覚的にイエスの福音、特に山上の説教の意味を説きつつ、隣人愛から「正義に飢え渇きつつ」「憐れみの心」をもって、場合によっては「迫害されることをも幸い」と甘受しつつ行動を起こすことであろう。これが第一、二セクターの結合から生まれた現代日本の強固な「生活世界の植民地化」を抑制する唯一の市民的抵抗である。

（三）賀川豊彦「神の国」運動の今日的展開

以上のフレームワークを背景にして、次に、賀川の神の国運動を今日にどう継承できるかを探りたい。まず、彼がいかにして「日本の伝統」の部分に深く入っていったかを見直したい。何よりも、イエスの神の国のメッセージが語られたのが民衆に対してであり、それに対して日本のプロテスタント・キリスト教宣教が都市の〝中産インテリ階級〟に終わってしまった過去を反省する意味も込められている。評論家の故加藤周一は、日本で唯一民衆にまで食い込んだ西洋伝来のイデオロギーはマルクス主義だといった。「マルクス主義は、他の輸入イデオロギーと異り日本の大衆自身の具体的な問題とふれあったために、ある意味で日本の土に根をおろした」[84]。マルクス主義ははっきりした世界観をもった思想体系であるが、日本のキリスト教はこれに対抗できる世界観的側面が極めて弱かった。

また鈴木大拙は仏教が鎌倉期に大地性を獲得して民衆のものになったとも言った。日本のキリスト教は大地性も身体性も乏しく相当に観念的になっていることを反省しなければならない。今日、グローバルにエコロジー問題が浮上している時代に、民衆の心をとらえるにはやはり「地に足のついた」宣教論が展開される必要があるだろう。筆者としては、賀川豊彦という人物がまさにこの種の知識人のためのキリスト教を突破して、キリスト教を意識的に大衆の生活世界に近づけようとした近代日本の数少ない一人であった、こう言いたい。晩年の『宇宙の目的』を見てもはっきりした世界観的側面を彼は持っていた。キリスト教の公共性を考える第一歩を賀川の遺産から引き出したいゆえんである。

まず、先に記したポランニーの指摘「より小さい規模ではあるが、農民の家族の生活パターンは家族経済である」という表現に注意しよう。「農民の家族経済」のことなど、都市型の日本近代化論のなかでは完全に無視されてきた。キリスト教会もそうであるが、近代化とは別名、都市化であり、農村は遅れた地域という意識が強かった（本書の第三章八一頁の明治期の農村キリスト者の比率の低さを見よ）。今日でも専業農家が二〇〇万戸以下という時代に、この問題を取り上げようとする人はほとんどいない。農家という言い方をしたが農業はふつう過去には、いや今日でも「家族」で営む生業なのである。よくも悪くも個人主義は最初から考えられていない。しかしながら、今後の日本における「神の国」の創造的な発展においては、人の集中する都市と同時に、人の生きる大地性の問題、すなわち農業・環境問題への理解は重要な事柄であることを示したい。食というのはそもそも人が生きる原点である。しかも日本は食糧の自給率が三九％しかない、といった国の安全保障上きわめて由々しき状況にある。ここでも「近代／伝統」の二元論の克服が必要だ。

① 社会連帯経済――日本近代史上の協同組合論

市民がボランタリーに作る市民社会に助け合いの心、人々の中に「友愛と連帯」を育むこと、これが今日でも賀川から学び取れる方向性である。市場主義とホモ・エコノミクス（経済人間）の人間観が行き渡ってしまった今日、大きな努力を要する事柄である。賀川の「宗教的根源」への洞察は彼自身の「神の国運動」の実践のみならず、同時に十字架の贖罪愛の視点から書かれた戦後の対話的作品『東洋思想の再吟味』からもうかがえる。この本は今日の宗教間対話と世界倫理の先駆けとして読むことができる。日本の敗戦二年後の一九四七年に書かれた。

> 天を見失った日、尚天が人間の心を窺き込んでくれて、天の方に引上げんとする神聖の秘義を示してくれる。それは決して人間の力ではない。それは勿論人間を無視するものではないが、人間を内側から高めてくれる超越的根本実在である。その実在者は至高の愛そのものである。その至高者が宇宙全体に対する責任意識をもってくれる為に、我々の霊魂を内側から温め、我々、有限者に対して過去の悪を贖罪愛を以て修繕し、復活の希望に満してくれる歴史的表現をとる尊い意志の持ち主である事も信じ得る。(85)

このように序文で書いた後に、一般日本人への連帯を訴える。「神が日本にまで拡張してくれる贖罪愛の連帯意識は、その意識内容として新しく抱擁すべき、東洋精神によつて培はれた日本の精神的遺産が如何なる遺伝因子を持ってゐるかを、見極めておく必要がある」と書いて、易経、論語、老荘思想、王陽明、印度宗教、法華経、ガンジー、中江藤樹について論じている。賀川は宗教的多元主義者であるよりも包括主義者と言った方がふさわしい。なぜなら、これら日本の伝統思想のうちよきものを贖罪愛の観点から再吟味してさらに伸ばしていく、と言うからである。十字架の贖罪愛を救済恩恵（saving grace）から共通恩恵（common grace）へ、世界の回復へと拡大したものの見方である。日本のよきものを通して世界に通用する規範的モラルに貢献しようとの意気込みがうかがえる。賀川なりの「近代／伝統」の二元論の解消の努力である。

仏教では法華経の章ごとの吟味をし、禅と茶道についても高い評価を与え、これらが日本文化と日本人の心、特に道徳や倫理に与えた影響を述べている。

中江藤樹については儒教、特に知的な朱子学よりも実践的な陽明学の影響を受けたことから高い評価をしている。賀川は言う。

> この宇宙の神に対する孝行の主張は、藤樹の経験から出たのである。彼の著作「翁問答」は徹頭徹尾この思想を以て一貫してゐる。生活と意識のうちにこの傾向を以つて貫いた。それはまた王陽明学派の良心説と一致してゐる。

陽明学への思い入れは明治期の初代キリスト者たちと同じである。さらに続けて次のように書いている。

藤樹は実践道徳を無視しなかったが、神からきた良心を離れての単なる道徳は無意味だと考へた。この良心の琢磨は、宇宙の父なる神に対する心尽しと、精神生活の修養とによつてのみ達せられる。神を宇宙の父といつたところに、中江藤樹が孔子学派と違つてゐる点がある。普通の儒教学派であるなら、政治的道徳や知識に力を入れるのであるが、藤樹は政治や道徳を離れて、宇宙の神を根本にした。そこに普通の儒教と違ふ点がある。藤樹は、だから宇宙の心に意を注いだのである。(86)

この「宇宙の心」については一九五八年に書いた『宇宙の目的』という著作の中で科学との関係で、さらに詳しく吟味されることになる。(87) 何よりも儒教の教えが重要なのは今日の東アジアの平和の構築のために、中国、韓国、台湾などの複雑な国際関係の中で、なお長い伝統の中での共通遺産にもなっているからだ。「天」に呼応する市民の「良心」に訴えて平和な国際関係を築くことである。

今後の日本で、低成長期を生き延びるための世界倫理を担うモデルを形成できるのか。筆者はこれを賀川の働きからヒントを得た「コープとコーポのダイナミズム」と表現してきた。(88) コープは co-operatives すなわち多様な協同組合という経済原理、コーポは corporatism すなわち人々が結びつく多様な中間集団という政治原理である。特に「自治」と生活者の経済の問題の解決法において、さらに男女のパートナーシップについて賀川とその妻ハルは日本での先駆者であった。

「自治」ということで言うならば、『市民自治の憲法理論』(一九七五年)を著した松下圭一の政治思想の枠組みを一口で特徴付けるものが、「統治」に対する「自治」の思想であった。(89)「自治と共和」を強調する松下に対して、賀川は戦前から「自治と協同」を掲げていた。協同組合運動は彼の場合、近代経済学への批判を強く含んでいた[90]。賀川の著書『人格社会主義の本質』（一九四九年）の中で書いている。

この（人格社会主義の）形体を機械文明に活かす唯一の方法は、産業的に協同組合を造り、政治的には労働立法と産業立法を人格社会主義の方向に導き、勤労階級の自主、自営、自治、自由の世界を創造し、出産、疾病、老衰、死亡、生活難、失業に対しては、社会保障法を制定し、天災地変に対しては社会保険法を拡充し、一般大衆の為には、経済統制を自治的に行はせ、計画経済も産業民主的に実現し得るならば勤労階級の理想とする搾取なき社会は、そこに生まれたと考へてよい[91]。

「勤労階級の理想とする搾取なき社会」はマルクスの「資本論」の批判的摂取を反映している。マルクスは社会主義とアソシエーション論（後述）を主張した。しかしその唯物史観を賀川は断固拒否した。賀川の「人格社会主義[92]」の根底には「愛と協同」がある。

そして、賀川にはトップダウンの統治ではなく逆に自治を行う中間集団（＝労働組合、農民組合、協同組合、信用組合、出産、疾病、老衰、死亡、生活難、失業への各種共済組織等々）がいくつも重層的に構想されていて、これらがボトムアップに〝協同組合国家〟を作るのである。賀川は人体の七つの機能になぞらえて七つの協同組合の必要性を訴えた[93]。これら協同組合はすべて利益が出ればそれを平等に分配する自治組織であり利潤追求の市場競争的な経済組織ではない。利己的な「経済人間」（ホモ・エコノミクス）ではなく、利他的で「世界倫理」を実践するモラルある市民を想定している（ホモ・エティクス＝倫理人間）。彼らは「友愛と連帯」による絆社会を作り連帯経済を作ろうとする人々である。日本国憲法下での市民自治を賀川はこのような方向で構想していたのである。[94]

賀川は言う。「個人からすぐに一足とびに国家まで飛ぼうとするから暴力沙汰や無理が出てくる。個人がまず組合にまとまり、組合が国家としてまとまって行けば、大きな税金も払はずに済むし、高い公債の利息を払ふ心配もない[95]」。賀川自身、戦後は世界連邦政府樹立に奔走した人物であったから、まさに地域、国、国際の三層での自治的政府を構想していたのである。「公共性の構造転換」を自覚していたのである。

すでに戦前一九三六年に「友愛の政治経済学」の中で賀川はプロテスタンティズムが持つ個人主義を批判していた。

　プロテスタンティズムは、この個人の意識を最も聖なるものとして、ギルド社会の興隆に反対し、したがって、残念なことに、資本主義的文化の勃興に道を開いたのである。もしプロテスタンティズムが、古いギルド社会への反対や個人性の強調とともに、新しい互助協同組合の組織化の重要性を教えていたならば、一六世紀以来発達してきた資本主義文明が今日の悲劇的な結果を招来することはなかったであろう。……後期カルヴィニズムの神学者たちは、神学的思惟を個人的意識の重要性にのみ集中して、社会的意識を覚醒する機会を失った。[96]

このように彼の理解した範囲内ではあるが、プロテスタンティズムわけてもカルヴィニズム（実際にはアングロサクソン流のピューリタニズム）に対しては厳しい評価を下している。「その結果、経済学と神学は分離され、霊的生活と経済生活を分離して考えることが誤りとされてこなかった」と述べる。ただし主として賀川が協同組合を学んだのは英国からであった。

英国において、ロッチデール式消費者組合が、比較的容易に進歩したと云ふのは、英国における精神革命が、欧州における形式主義的宗教を離脱して、他愛的経済観念を著しく速やかに促進せしめたものと考へてよい。これはデンマーク、スウェーデン、ノルウエー、フィンランド等におけるルーテル教会の精神革命の上に発達した、協同組合の進歩をも、合わせて考へる必要がある。(97)

英国、北欧のみならず協同組合型の連帯経済は、ドイツのライフアイゼンについて述べたように、実はヨーロッパ大陸の諸国にも強い伝統であった。そしてそれが大陸で戦後に発展したキリスト教民主主義のもとになっている。(98) 賀川の協同組合国家を実践に移すには、協同組合的中間集団（corporatism）を政治哲学的に基礎づける「領域主権論」を展開しなければならないのであるが、その詳細は紙数の関係で筆者の他著を参照されたい。(99)

② 都市と農村――戦後啓蒙の明と暗

賀川は一九二〇年には大阪共益社、灘購買組合、神戸消費組合など消費組合運動に先鞭をつけた後に、農村に入り、一九二七年に杉山元治郎とともに兵庫県武庫郡瓦木村に農民福音学校を開校する。また一九三五年には産業組合中央会発行の農村向け雑誌『家の光』に「乳と蜜の流るゝ郷」という社会小説を連載し農村での協同組合運動を促し、多くの読者を引き付けた。連載している二年間に雑誌の発行部数が三〇万部から一〇〇万部に伸びたという。戦時下に全農家が政府サイドの協同組合の中に中央統制されていくことを物語の主人公の語り口を通して牽制した（一九四三年の農業団体法の制定に連なる動きへの牽制である）。

近代の市民社会論は、すでに見たように、農業社会を脱した産業化社会とともに出てきた議論であった。ヨーロッパでは一八世紀以降ということになる。しかし、日本のように〝遅れて〟欧米型近代国家を目指した国は、実は、伝統的な共同体の原型とも言える農村のムラ社会を抜きにして、近代化のプロセスを語ることはできない。また「近代化」を批判的に吟味するためにも、都市ではなく農村に目を移し、ここからの「新しい公共」の可能性を探るという試みがどうしても必要である。

なぜならこれまでの「市民的公共性」は都市型の近代化論の延長上に出てきたものであって、戦後日本の場合には伝統的な日本的人間論の改革までいかないからである。これでは、結局は、単なる流行の西欧社会思想の輸入の段階に終わってしまう危険性があるからだ。換言すれば西欧的な普遍的進歩史観（ヘーゲル主義）というイデオロギーに縛られることになるからだ。それぞれの文化圏の伝統と歴史を考慮した上での、〝普遍的〟な人間論としての幸福追求を模索すべきである。

したがって、日本に市民的公共性を創っていくためには、農村型ムラ社会の原型に目を止める必要がどうしてもあるだろう。賀川は協同組合運動を都市型の消費者購買組合だけでなく農村における農業生産者の側にも拡げた。この点でも賀川の働きは近代日本において独特であり今日の市民的公共性の先駆者として位置付けることができるのである。先に引用した『東洋思想の再吟味』の中で「日本の精神的遺産が如何なる遺伝因子を持ってゐるかを、見極めておく必要がある」と語っていたことを思い起こそう。いわば「稲作のＤＮＡ」といった表現で否定的に語られた日本的「ムラ社会」の習俗、ここからいかにして「神の国」を創りあげていくのかという大きな課題に直面することになる。問題は人と人との結びつき、これをどう「友愛と連帯」によって新たに創りあげるかということである。

人類の歴史が農業化社会から工業化社会に移行するにしたがって、資本主義という経済生産形態が飛躍的に発展したのが現実であった。しかし、それによって人間の思想から大地性が奪われた。農業は食を生み出す仕事だから、いくら工業化社会になっても、人間が食べて生きていくために最低限欠くことのできない産業であったはずである。農業の重要性を今日、エコロジーや環境問題とともに考察するときに、同時に思想における大地性なるものの本格的回復を考えたい。

日本において、近代市民社会論はこれまで都市型自由主義（特に戦後は米国型）の生活様式を前提にし、これを理想的標準としてきた。それはヨーロッパ近代社会のある側面をモデルとし、産業革命を経て工業化社会へと変遷し、啓蒙主義の発想の後押しを得て理性と合理性を重んじた。産業労働者の問題も資本主義のもとでの賃金労働や失業、そして貧困が主要テーマになっていた。賀川が米国から帰国してすぐ取り組んだ労働者問題や当時の最大の労働者ストライキ（三菱・川崎造船所争議、一九二一年）もそうであった。しかしこの後に賀川が農民運動へと活動を移していった理由は、当時の農民層の貧困問題の本当の意味が分かっていたからだ。

農民の住む日本のコミュニティ形成の問題を見てみよう。特に日本の伝統的共同体の原型ともいえる農村共同体の問題を扱うためには、賃金労働者が直面する失業、貧困などとは別の生活の側面、生命、生存のフェーズが問題になる。まさに日本でいう「ムラ社会」の問題である。ある意味では、米国的都市型自由主義の近代社会の思考基準で扱えない内容がそこにある。少なくとも戦後日本の知識人の間に流布したリベラリズムでは、単に〝封建遺制〟なる用語で切り捨ててきた問題である。

欧米の都市型自由主義の生活様式をモデルにした政治的な公共性について、戦後リベラルの啓蒙活動があった。経済学の視点から、特に生産力の視点から経済史家はこれをどう見たか。近代以前の農業時代の土地所有を問題にした無教会主義のキリスト者・大塚久雄の『共同体の基礎理論』（一九五五年）が比較的よく知られている。本書は、いわば近代以前の共同体、土地所有、人間に関してアジア的、古典古代的、ゲルマン的の三つの類型の農業共同体の特質を論じた。西欧近代はゲルマン的な農業共同体の解体によって生じてくる、とした。では日本ではどうか。日本ではアジア的農業共同体の残滓が色濃く、そこから「ムラ八分」などの封建的人間関係が根強く残る、と述べた。

さて、この半世紀前の大塚の著作の問題意識はどこにあったのか。この書物の「読み直し」の研究会が政治経済学・経済史学会によって行われた（二〇〇六年）。それを参考にしつつ現実に日本の農村の歴史的背景を踏まえた上での「新しい公共」の方向を探ってみたい。このテーマは今後の日本のキリスト教宣教のあり方にとっても極めて重要である。なぜなら近代日本のキリスト教は個人の救済にほとんどの関心をもってきた、ないしは〝ピューリタン的〟な体質をもってきていて、地域やコミュニティをどう創るかという視点が欠けていたからである。

まずはその研究会における荒井聡のまとめはこうである。[100]『共同体の基礎理論』は分業関係の発達により、私的占取関係が拡大し、血縁的関係から次第に個の結合関係としての共同体への進化、終局的には資本の原始的蓄積の過程で共同体が解体され、個が共同体規制から解放される道筋を明らかにしている。しかしながらそのようなアプローチによる「完全に個別的で自由な私的所有」という視角からは、資本とは相対的に独立した意味での土地所有問題、とりわけ戦後日本で特徴的な小農経営問題が見落とされてくることになる。農業生産様式というのは依然として家族を中心とする小経営が支配的であり、市場原理の浸透により共同体的関係は緩まってきても「生活結合」的な意味あいは今日でも強い。農業集落は共有地をいくらかでも抱え、また水利共同体、生活共同体として機能し続けていて、生産面でも重要な役割を果たしているのである。

ここで「戦後日本で特徴的な小農経営問題」という表現に注意したい。のちに農協論が出てくるときの出発点となった問題である。

次に黒瀧秀久の大塚批判を単純化して六項目だけ取り上げてみよう。[101]

一　大塚はマルクスの共同体論（『資本制生産に先行する諸形態』）をブルジョア市民社会への移行のための共同体解体論として構成換えを行った。マルクスの場合はブルジョア市民社会を最後の「敵対的形態」としてそれに代わる人類の共同性を基盤とするアソシエーション的社会主義論を展開した。しかし大塚にはそれが見られない。

二　ブルジョア市民革命後の農村共同体や都市コミュニティがどう存在すべきかの記述がなく、フランスやドイツの近代以降の農村共同体の存続を単なる共同体解体後の〝残滓〟遺制として退ける。これは日本における「自治村落」の問題（筆者注　これも農協論につながる問題）が視野に入っていないことを意味する。

三　大塚は「イギリスにおける共同体解体後の独立自営農民とブルジョア市民社会論成立」のようなテーマを扱ったが、日本ではこれをうまく適用できなかった。つまり戦後日本の農地改革による一町歩「自作農」の創出の意味を十分に扱うことができなかった（筆者注　イギリスの独立自営農民の〝ピューリタニズム〟を大塚は重要視したが、これが資本主義の「エートス」と関係あるとは考えにくい。それに比べて、日本では二宮尊徳の報徳会などが持っていた「分度」「推譲」「至誠」「勤労」の儒教倫理の徳目が生きて実際に農協論につながっている）。

四　共同体解体後に展望されるはずの「新しい共同体」が形成される理論的根拠が薄弱である。マルクスのようなアソシエーション論はなくウエーバーの描くクラブやゼクテ程度の単なるサロン的なレベルで終わっている（筆者注　つまり協同組合的な協同労働による生産形態への考慮がない）。

五　共同体解体後の市民社会像を理想的平均と見るために、物質代謝過程やエコロジカルな循環に関する関心が全くなくなってしまった。地域やコミュニティ・コモンズを基礎とした循環型社会をどう作っていくかという問題が残されている。

六　大塚の共同体解体の意図とは逆に、実は村落共同体（ムラ社会）は〝封建遺制〟どころか、日本の産業社会・企業社会の中で「日本的経営の強み」として生かされてきた、という現実がある。

以上、特に一と四に現れている「マルクス的なアソシエーション論」という言葉に注意したい。今日において、筆者が賀川の再評価を緊急であると考える理由は、世の識者が「マルクス的なアソシエーション論」を再考する時代に「キリスト教のアソシエーション論」をもっと真剣に考えるべきではないかと思うからである。むしろわれわれは、戦後のキリスト者が大塚の（〝ピューリタニズム〟を媒介とする）自由（個人）主義的なブルジョア社会論に同調したこと、そしてこれが、本来意図したこととは別に、かえって九〇年代以降の日本に、日本の伝統から切り離された米国的な競争的新自由主義として〝実って〟しまったのではないか、ということに思いを致すべきなのである。大塚の場合、農村の共同体のあり方というのは〝封建遺制〟であり、都市型の戦後民主主義の形成とは〝封建遺制の解体〟のことであった。これは大塚久雄を含む戦後啓蒙のスローガンであった。

もちろん、その意義は歴史の事柄として十分に納得できる。つまり戦前のムラ社会的な体制が、昭和に入って、特に日中戦争開始後の国家総動員法のもとでの戦時体制を作るのに極めて効率的に役立った、こういう事実があるからだ[102]。

しかしこの〝封建遺制（特に家父長制）解体〟は戦後日本のキリスト教会にも一つの反省として残る。今日、ポスト・モダンの相対主義と無規範の世相と何でもありの無責任社会が現出しているからだ（責任をとるべき家父長的人物が誰もいない！）。自殺率の高さ、過労死の日常化、格差社会での社会的孤立と人と人のきずなの切断である。戦後日本にこういった福祉的な取り組みが激増したのは、明らかに戦後啓蒙の意図せざる落とし子ではなかったのか。

封建的家父長制の解体は一面においては、家族成員の平等性という近代的人権のよい面を生み出した。個人としての人格の尊厳の法的擁護は重要であった。だが賃金労働者の都会の家庭では、他面において「父親不在」の都市型核家族を生み出し、ついには〝核分裂家庭〟となって多くの社会的病理現象の原因にもなっている。離婚家庭ないしは一人親家庭の増大、そこからくる「子供の貧困」を生み出すなど新たな貧困のもとにもなる。女性の人権擁護と同時に、助け合い社会での「子ども食堂」への対応など不可欠な福祉的取り組みではあるが、社会運動による社会の構造的変革の必要性を強く思わされる。

今日この事態を歴史の教訓として受け取るわれわれは、「新自由主義的」でない助け合いによる社会、「協働社会的」な市民的公共性の形成に向かうべき時である。

③　ムラ社会の回復から

問題は都市と農村に通底したコミュニティの回復、近代化によって疲弊した人間の回復ということである。まさにイエスの福音による「世界の回復」こそが「神の国」運動のスタートではなかったのか。

農業やエコロジー、環境を人間にとって基本的だと考えるならば、大地に根ざした共同体の意味、その典型としての農村が持っていた意味を民主主義の根幹の自治の問題として真剣に考えるべきである。もちろん戦後の福祉政策を考えてみても地域福祉の重要性に気づき、地域ないしはコミュニティの意味を考えはじめてきたのは事実である。そうであればこそ単純なムラ的共同体の解体ではなく、逆に「ムラ的なコミュニケーション的行為の作り直し」が都市でも農村でも求められているのであろう。

日本のムラ社会は単純に〝封建遺制〟と表現できない。農村における相互扶助の伝統、そしてその延長上にある協同組合的な相互扶助の伝統に目を転じたい。ここで、賀川の働きと同時にその限界を踏まえつつ、なお「新しい公共」の芽を見出すためには、賀川も利用した農村における自治の伝統を掘り起こしそれを批判的に検証すべきときである。一つの肯定的評価は、日本の農村の協同組合の歴史には、実は、江戸時代以来の〝自治村落〟という自治の力の伝統が生かされていた、ということである。賀川が戦前から強調したあの「自治」ということであり、松下圭一が戦後の都市型市民的公共性に見たあの「自治」である。ムラ社会の自治とはいったいどういうものであろうか。ムラ社会とはお上《かみ》（＝公）への従順の代名詞、このような意識がある者にとっては以下の研究は「目からウロコ」ということであろう。

手がかりとなるのは先の「読み直し」の中の渡辺尚志「日本近世村落史からみた大塚共同体論」批判である。(103) 紙数の関係で簡潔に四項目にまとめてみる。

一　共同体と封建的領主との関係において、支配の手段と抵抗の組織という二面性がある。大塚は支配の手段が強いとしたが、渡辺は共同体（ムラ）の自律性を重視する。

二　近代移行期のブルジョア商品経済の発展について。大塚ではムラは解体するとしたが、渡辺ではムラは成員の商品生産の発展を助けたとする。

三　ムラが教育、医療、文化、社会的弱者に対する保護・救済（社会保障）などに果たした積極的役割があった。

四「共同性vs公共性」

・ムラの公は近代以降の公共性と同義ではない。

・近世を通じて、「村」内部においては、村方騒動などを通じて「村」運営の「民主化」が進展し、村落「自治」が実質化していった。

・（時代的問題意識の上で）大塚共同体論に日本の共同体をうまく説明できない部分があるとすれば、それは単なる実証レベルの問題にとどまらず、そこから大塚共同体論全体に関わる理論的再検討が養成される。

渡辺は以上のように語っている。さらに詳細な江戸期の自治村落の研究から齋藤仁は「自治村落はひとたび形成されると、封建制が崩れてしまった後でも、その村落の固有の小農民が完全に分解せずに残る限りは多かれ少なかれ伝来の構造を保ちながら存続する（筆者注[104]これが今日の農協のルーツになりえた）」と。

江戸時代以来続くこれらの長い自治村落の伝統を踏まえたうえで、日本の農協は展開されてきた。単なる〝封建遺制〟ではない。しかしながら、当の農協が戦後の農業政策に迎合して、その協同組合としての自治の精神を見失って既得権益に安住していたことも事実である。

振り返ってみればそもそも資本主義とは、市場経済の上に乗っかっている経済モデルである。工業化社会以降に顕著になった経済形態で、工場を経営する資本家階級が育っても、それは農業化社会にはなじまない。農業は大地や生態系とともにある最も基本的な人類の生産形態であって単純に工業化できないし、農業の労働力も雇用される労働者として単純に商品化できない。

明治近代化によって日本は殖産興業の合言葉によって資本主義を導入する。しかし農業は依然として重要であった。一九〇〇年に産業組合法ができた当時もまだ日本の産業は農業中心であったから、この法の下に農村に農業協同組合（ＪＡの前身）が結成され始める。農業には農地という生産手段を所有する地主階級と、農地を所有しないで地主から農地を借りて小作する小作農とがいた。小作農や自小作農は経営規模が小さく、小農と呼ばれていた。他方で、工業や商業は財閥などの資本家が大規模な株式会社を設立し、寡占的な市場構造を持ち始めてきていた。市場で大企業と小農との力関係を埋めるためには小農が多く集まって連帯するほかはなく、農協の成立理由の一つとなる。

化学肥料の購入の例で言えば、近代的な化学工業から化学肥料を供給する側は寡占的な大企業である。購入する側は小農であり、売り手と買い手の間には経済的な力の差は歴然としている。小規模であっても農家戸数が多ければ、そこで協同組合を作って買い手がまとまって価格交渉が可能になる。[105]

もちろん今日のＪＡの仕組みは、金融などを含んで総合化し、歴史的にもかつての自治村落という背景と戦中・戦後の政府的圧力から組織された部分とが混在していて、決して単純ではない。そうではあるが、戦後に、世界の協同組合運動に早くから参加していたＪＡ組織は、国際的自治組織のＩＣＡ（国際協同組合連盟）の一〇〇周年に出された九五年原則（一九九五年）など、[106]「新たなコミュニティ形成」をよく学習してきたグループであり、日本の自治と自立の社会参加にとって大きな力になり得るのである。第三セクターとしての自覚が他の協同組合運動との協働のなかで芽生えてきていて、今後の「新しい公共」の担い手となっていける有力なグループであろう。国連の定めた「持続可能な開発目標（ＳＤＧｓ）」を日本の中でもいち早く自覚的な形で担っているのも、これら第三セクターの多様なグループの人々に他ならない。

今日のグローバリズムの流れの中で、現政府の拡大・成長路線は農業にまで及び、農業が工業のような成長産業として位置付けられて政府の露骨な介入と資本の投入が行われている。現代農協論の研究者の石田正昭は「協同組合は組合員の意思によって動かすもので（自由・自主・民主）という観点からすれば、今日の政府主導の農協改革は認められない」として「補完性の原則」を強く主張する。[107] ここで石田が「補完性の原則」と呼ぶ内容は、筆者が補完性（subsidiarity）に対して領域主権性（sphere sovereignty）という用語を使ってきたものとほぼ同じ内容である。今日に賀川が提唱した七つの協同組合すべてを経営しているのは、実は、農協のみである。農村にはバラバラの個人に解体された都市生活者にないものがまだ生きている。むしろ、今後に農村にも増えてこざるを得ない外国人労働者など、「異質な他者」との交流によって「新しい公共」の突破口になる可能性が極めて大きいのである。[108]

四　おわりに

本書は、まず「神の国」の聖書学的変遷を第一章で概説した。第二・三章では近代日本の資本主義勃興期における貧困と富がもたらす社会的諸問題との関係でキリスト教が果たした役割を見た。第四章では一転して「神の国」という言葉と概念が日本通史として持ってきた倫理思想的問題を「天皇」との関係で見てきた。

イエスは「神の国」をもたらすためにわれわれのもとに来られた。その理由は、神に背いて悲惨な状態にある被造世界の回復のためであった。このようなイエスの福音をもって、「贖罪愛」の名のもとに、日本の近代を生きかつ体現したのが賀川豊彦であった。本書第五章ではこのように位置づけたあとに、では、賀川の「神の国」運動を今日に継承するためにどうすればよいのかを語ってきた。キリスト者が遣わされた場所で少しずつ異なってくるであろうが、これを日本の戦前・戦後の民主主義の進展の中で、市民的公共性の確立という方向で見いだしてきた。たとえ少数であっても、キリスト者が自覚的に福音に生きる可能性を探ってきた。

より具体的に、今日の「神の国」運動の例証として、筆者自身は、近年に賀川スピリットを意識的に継承しようと努力して大きな組織体として成長している生協連合会、ＪＡ（農協）全中[109]、さらには連合（日本労働組合総連合会）などの友愛会系の労働組合等との協働作業があろうと考えてきた[110]。特に賀川の中間集団論（アソシエーション論）は都市型生協のみならず、農村の伝統と結合した相互扶助にも及んでいた。いやむしろ賀川は、近代日本の貧民街や貧しい農民たちの間でも昔ながらの相互扶助の精神が生きていることを発見し、これをうまく活用したのである。これは戦後日本に新たな「公共圏」を形成する際に大いに参考になる。「自由」「自治」「自立」によって伝統的共同体を活性化するのである。

福祉関係では生協や農協はすでに一九八〇年代からＩＣＡ声明第四原則「自治と自立」に立って、独自に高齢者福祉活動、介護ヘルパー養成などを行ってきている。また今日の「貧困」の状況においては、いち早く「フードバンク」「子ども食堂」などの福祉的活動の経営に乗り出しているのである。彼らのつちかってきた組織力と経営力は事業経営に不慣れなキリスト教関係諸団体の比ではない。賀川のＤＮＡは、むしろこのような三〇〇〇万人近くの日本人をその傘下に持つグループに受け継がれている、という感を深くしている。

今日のキリスト教界が「神の国」を把握する際に提言したいことは、賀川豊彦という先達の「自治と自立」のスピリットの意味と、同時に「神の国」実現のためのパッション（情熱と自己犠牲の感情）の理解である。賀川における「神の国」の実践はマクロな正義の倫理とミクロなケアの倫理の双方によって遂行されていった。[111] キリスト教学校、キリスト教福祉施設・病院、地域福祉、諸協同組合運動との連携が今後の「神の国」実現の鍵になる。現代の高度化した重化学工業を協同組合運動が担うことは困難である。しかし人の生活世界に密着したところ、広い意味での市民の福祉政策において、協同組合運動が地域行政との連携で担えるところ、そして実際に担っているところは多方面に及んでいる。

戦後福祉は措置制度の中で行なわれてきた。これが実質的には行政措置による〝福祉国家〟の中身であった。いまや契約制度に入った、ということは民主主義の形成と結びついたのである。筆者は福祉の倫理を「家族愛の社会化」という言葉で表現してきた。[112] 貨幣との交換（市場原理＝第二セクター）で閉じない部分（第三セクターの持つ互酬制よりも第四セクターの持つ全き贈与の概念）が福祉の専門職の担っている課題である。ボランタリズムというのは互酬ではなく「全き贈与の心」のことではないだろうか。第四セクター（宗教施設）は社会の他のセクターに向けてそれを言う責任がある。

福祉についても福祉文化の創造なくして人々の益するところとならない。国家（第一セクター）の役割は依然として大きいが、それに依存しすぎることが受け身的なこれまでの福祉のあり方であった。そうではなく自由と自主と自治による市民社会形成の途上において公共圏での福祉形成（公共福祉）へと舵を切らねばならないのである。この分野でなぜ非キリスト者との協働作業が可能なのか、いや必要なのか、これを神学的に問うことなくして、今後の人口減、逆ピラミッド型人口動態、超高齢化社会の日本そしてキリスト教会の弱体化そのものを乗り切ることはできない。それは神の望む文化の創造であり、日本で「神の国」の実現（realization）のために果たすべきキリスト者の「地の管理責任」（スチュワードシップ）の大きな使命の一環である。

四セクターが取り囲む公共圏での各セクターの協働作業なくして、今後の民主主義（創発民主主義）の充実は不可能である。教会は他者支援（＝隣人愛の実践と奉仕の心）を教えられてきており、「地の塩」「世の光」であるためには、地域にあって第四セクターに属することを自覚しつつ他セクター特に第三セクターとの協働作業が不可欠であろう。[113] これは神学的には共通恩恵論によると同時に、社会学的にはソーシャル・キャピタル論による信頼とネットワークの醸成の一環である。

現代における「神の国」運動とは何か。イエスの出来事から二〇〇〇年経った今日、それは歴史的にこの場所において、人々の渦巻く「欲望」と同時に様々な構造化された「悪」と戦いつつ、「友愛と連帯」に賛同する人々との協働の中で、キリスト者が積極的に市民社会形成のリーダーシップを発揮すること。それによって主権者イエスが単なる親密圏の王から公共圏の王であることを証しつつ悲惨な世の回復に労すること、そして主イエス・キリストの再臨による「神の国」の完成を待ち望みつつ歩むこと、これである。[114]

付録　ウエーバーの神学的議論

ウエーバーの解説では、ウエストミンスター信仰告白の引用において[115]、意図的に順序を入れ替えている。まず、ウエストミンスター信仰告白の特徴は第一章「聖書について」である。ここで第一章一節を引用しておこう。

自然の光および創造と摂理のみわざは、人間を弁解できないものとするほどに、神の善と知恵と力とを表すとはいえ、しかしそれらは、救いに必要な神とそのみ旨についての知識を与えるには十分でない[116]。

と始まり「創造と摂理」がすべての物事のスタートであることを宣言している。これはカトリック、プロテスタントを問わず、キリスト教の基本の「き」である。次に「救い」について語る。そこで聖書という言語化された啓示の必要性を語るのである。

しかしながら、ウエーバーはこの順序をよく理解していない。彼がウエストミンスター信仰告白を引用するのはまず九章（自由意志）、次いで三章（神の永遠の聖定）、一〇章（有効召命）、五章（摂理）という順序である[117]。まるで、つまみ食いするかのように自分の眼鏡に合わせて「機械仕掛けの神」（理神論）という観念を導き出している。最初に九章「自由意志」、しかもその第三節からいきなり引用を始めること自体きわめて恣意的である。ここは自由意志が神の前に堕落したという箇所だからである。ここからスタートしてしまったら、人間はもはや自由意志のない機械的ロボット同然になってしまう。これが、ウエーバーが〝予定論〟なるもので見ている機械的な人間観の出所である。ウエストミンスター信仰告白を第一章から順序良く読めば、決してそんな結論にはならない。ウエストミンスター信仰告白を最初から丁寧に分析すれば神観が「機械仕掛けの神」になるはずがないのである。

　これはウエストミンスター信仰告白とセットになったウエストミンスター教理問答書の方でも同じである。例えば小教理問答書の問七・八で「聖定」について説明し「聖定」とは「創造」と「摂理」と言っているあとに、次に問一三で「堕落」を説明する。そして堕落後の神との交わりを失った人間の嘆きを確認した後に問二〇で初めて選び（予定論）が出てくる。[118]しかも「選び」と予定で必ず引用される聖書箇所に戻れば明らかなように、エフェソ一・四にしても「神はわたしたちを愛して」というように基本が愛である。このキリストの十字架を通した愛と恩恵こそがキリスト教の教えの基本である。それなのになぜ、ウエーバーの著作において「個人主義」や「内面的孤立」などという表現が出てくるのか、全く不可解としか言いようがない。すでにウエーバーの生きていた〝時代精神〟の眼鏡がバイアスとしてかけられている。

　ウエーバーのもう一つのバイアスは、キリスト教の理解が「救済論」中心になっていることである。キリスト教の教説の基本は、仏教と根本的に異なり、先述したように世界存在の意味を「創造」や「契約」において神との関係で見ることである。ところが、一九世紀以降の諸宗教の研究により比較宗教的な背景も出てきた時代には、「救済」という概念をもって宗教を哲学などと区別する傾向が強くなった。ウエーバーの『プロテスタンティズムの倫理と資本主義の精神』にもその観点が強く出てきて、ウエーバー独特の読解になったことがうかがえる。実際にこう書いている。

彼ら（ピューリタン諸派）は決して、「倫理的文化」を目標とする団体の創設者でもなかったし、また人道主義的な社会改革運動やそうした文化理想の代表者でもなかった。彼らの生涯と事業の中心は霊魂の救済であり、それ以外ではなかった。彼らの倫理的志向やその教説の実践的影響もすべてここに深く根ざしており、したがって純粋に宗教的な動機からの帰結にほかならなかった。(119)

この引用から明らかなように、ウエーバーのキリスト教の把握の特徴は「霊魂の救済」としてこれを見るということである。しかしながら「救済」よりも前にまずは人間存在そのものに意味があるはずだ。宗教改革の労働観はキリストによって回復された本来の人間性からスタートする。聖書的な世界観によれば、創造者なる神の、神の像として存在せしめた人間の目的が重要だ。原義すなわち「神のエデンの園における創造と恩恵」からきた「喜び」であり、これは「創造論」からきたものであって、失楽園から復楽園への移行である。つまりキリストの贖いによる「創造の回復」からきたものであって、「霊魂の救済論」からきたものではない。人々に世俗で喜びをもって働くことの意味を教えた教理である。「救済に予定されているかどうか分からないので、それを確かめるために世俗で禁欲的に働く」といった、まるで神経症にでも陥りそうな奇妙な解釈の「救済論」的な把握、これは明らかに誤解である。そもそも修道院での「禁欲」とは性的禁欲（純潔主義）や清貧ということである。しかし世俗の信徒は結婚し、家族を養うために勤勉に働き私有財産も取得して次世代が生きていくために相続させなければならない。「禁欲」的な生活の意味がまったく異なる。

宗教改革が当時の神聖ローマ帝国と呼ばれた西ヨーロッパの民衆（諸侯、領邦君主層、農民、商工業者）を巻き込むような、巨大な革命的な社会変革となった背景に、一般信徒（や政治的権力者）への働きかけがあった。修道院に入らなくても日常生活をしっかり全うすればよい、なぜなら神の恩恵はそこにまで及んでいるからだという意識、出家ではなく在家の運動であるための神学的根拠が与えられた。これが「恩恵のみ」の宗教改革的な大転換である。これは救済恩恵（saving grace）ではなく共通恩恵（common grace）として広く民衆生活全般の意味づけをも与えた、というのが筆者の理解である。

一般の民衆生活は「神の恩恵」として意味がある、という認識が世俗と称する領域に広まった。万人祭司を唱えたルター主義にもこれはある。さらにカルヴァン主義には人生の全領域を「神の栄光」の場に変えていこうという心理的動機となりそれが民衆運動となっていったのである。そもそも世俗という言い方自身が聖俗二元論の修道院的発想であって宗教改革的ではない。「信仰」は日々の生活の中で確かめられ、「聖書」は現地語に翻訳され印刷技術の発展と共に民衆の手に渡り、日々の生活の中で読まれたのである。聖書が印刷された印刷技術は文化の発展のおかげであり、福音宣教が海を渡ってなされたのは当時の航海技術の発展と貿易という文化の発展のおかげである。神の恩恵としてのさまざまな「文化」領域なくして福音宣教もない。

もし聖俗二元論のままであれば宗教改革によって社会変革は起こらなかったであろう。宗教改革が近代文明を生み出したわけではないが、これがきっかけとなってヨーロッパは混乱期に入り宗教戦争にまで発展し、ようやく一七世紀半ばに終息し平和が訪れた。主権国家群がはっきりした形を取った。この間に人権思想（民主主義）や科学的活動、産業資本主義経済などの萌芽、いわゆるヨーロッパ近代が誕生した。つまりヨーロッパがいわゆる近代文明という〝普遍性〟を生み出して世界に影響を及ぼすことになったのである。

したがって筆者は、今日の日本が宗教改革五〇〇周年を憶えると同時に日本宣教五〇〇年を憶えることが、日本のキリスト教にとって重要だと考えるのである。なぜならこの五〇〇年の間に世界人類文明がヨーロッパ近代文明の普遍性の恩恵（科学的活動の発展、産業資本主義的な経済の発展、人権思想の発展）を被ったからである。日本のキリスト教宣教開始時（一五四九年）に、ヨーロッパ近代はいまだ誕生していなかった。明治期に再布教が開始された時期は欧米はすでに近代化を成し遂げていた。この三五〇年間の〝落差〟が今日の日本宣教、ひいては日本の国のポスト近代の大きな課題であると筆者は考えている。ただし欧米のこの近代文明の発展は光（よい麦）の部分と同時に闇（毒麦）の部分を伴ったので、その振るいわけの意味とキリスト者としての「管理責任」がわれわれに課せられた課題でもある。

以上の議論から明らかなように、ウエーバーのいう「予定論」と「世俗内禁欲」が資本主義のエートスだ、という議論は大きな誤解である。もし、ウエーバーが、仏教のような「救済」宗教ではなく、キリスト教の教えを本来の「創造」と「和解」という基本の「き」から考えていたとしたら、別の結論に至ったであろう。つまり、一八世紀の時代の「金を儲けたい」という産業資本主義の〝エートス〟は、まさに一三世紀に顕著になってきた商業資本主義の時代からの「投機的欲求」に続き、さらに功利主義的な倫理観によって増幅されて「自己利益の追求は善」とまで至った「欲望の解放」(バーナード・ド・マンデヴィル)からきていたのである。やがてそれに歯止めがきかなくなっていくのは人間の性《さが》である(堕落の結果!)、と。そして、その場合にウエーバーは国家の鉄の檻に絡めとられた「精神なき専門人」の治癒として、キリスト教本来の友愛精神、「隣人愛の実践」を強調していたであろうに。

注

(1) 最近の研究書では末木文美士編『妙貞問答を読む』(法藏館、二〇一四年)が詳しい。
(2) その詳細な議論は拙稿「葬儀論から日本宣教論へ」(FCCブックレット、東京基督教大学発行、二〇一七年)参照。
(3) 鈴木大拙『日本的霊性』(岩波文庫、一九七二年)一二二頁。
(4) 拙著『靖国神社「解放」論』(光文社、二〇〇五年)参照。
(5) 拙著『知と信の構造』(ヨルダン社、一九九三年)第四章、特に「近代」と「伝統」の間の「絶対的弁証法」の項(二三九―二四四頁)参照。これに対してキリスト教の世界観を「創造―堕罪―贖罪(回復)」の宗教的根本動因から説明した(同書、一五八頁)。
(6) 日本政治史家の三谷太一は総論的な書物『日本の近代とは何か』(岩波新書、二〇一七年)の終章で「日本の近代は一面では極めて高い目的合理性をもっていましたが、他面では同じく極めて強い自己目的化したフィクションに基づく非合理性をもっていました」(二五一頁)という文章に続けてこのように書いている。しかもウオルター・バッジョトのヨーロッパ近代の分析『自然学と政治学』（physics and politics, 一八七二年）との類比による観察であることが興味深い。

（7）平成天皇の大嘗祭は一九九〇年一一月二二、二三日であった。拙著『大嘗祭とキリスト者』（いのちのことば社、一九九〇年）参照。

（8）N・T・ライト『シンプリー・ジーザス』山口希生訳（あめんどう、二〇一七年）四〇二頁。

（9）N・T・ライト『新約聖書と神の民』（上）山口希生訳（新教出版社、二〇一五年）四五八頁。

（10）同書、四六一頁。

（11）同書、四七一頁。

（12）同書、四七四頁。

（13）アウグスティヌス『神の国』上、金子晴勇他訳（教文館、二〇一四年）一八四頁。

（14）同書、下、七二頁。

（15）カントの平和論はジャン・ジャック・ルソーを引き継いだものであり、ルソーはサン・ピエールを引き継いでいる。宗教戦争後の平和をいかに維持するかという課題について、「この体制（諸主権国家間の連合）が存続するかぎりは、絶対にヨーロッパの均衡は破られないだろうし、またウエストファリア条約がわれわれのあいだでおそらく永久に政治制度の基礎となるだろうということは確実だ」（「サン・ピエール師の永久平和論抜粋」『ルソー全集』第四巻、白水社、一九七八年、三二四頁）。そしてこれは日本国憲法九条の淵源とみることも可能である。

（16）I・カント『純粋理性批判』カント全集第五巻、有福孝岳訳（岩波書店、二〇〇三年）一五九頁。純粋理性の二律背反「超越論的理念の第三の抗争」。定立「自然の諸法則に従う原因は、世界の諸現象がことごとくそこから導出されうる唯一の原因性ではない。諸現象の説明のためにはまた自由による原因を想定することが必要である」。反定立「いかなる自由もなく、世界のうちにあるすべてはもっぱら自然の諸法則に従って生起する」

(A444, B472)。

ちなみに前掲書一六七頁には純粋理論理性による神認識の不能性についての「超越論的理念の第四の抗争」が書いてある。定立「世界の部分として、そうでなければ世界の原因として端的に必然的な存在者である何かが世界には属している」。反定立「いかなる端的に必然的な存在者も、世界のうちにも世界の外にも、世界の原因としてはそもそも実存在していない」。

(17) 拙著『宗教と公共哲学』(東京大学出版会、二〇一四年)第一章参照。

(18) 拙著『知と信の構造』(ヨルダン社、一九九三年)、拙稿「賀川豊彦「宇宙の目的」再考(1)(2)」明治学院大学キリスト教研究所紀要、二〇一五—六年。

(19) カント「実践理性批判」カント全集第七巻所収(岩波書店、二〇〇〇年)坂部恵、平田俊博、伊古田理訳、三〇七頁。

(20) 同書、三〇八頁。

(21)『たんなる理性の限界内の宗教』北岡武司訳、カント全集第一〇巻(岩波書店、二〇〇〇年)所収、七頁。

(22) 同書、一四二頁。

(23) 同書、一一二—一一三頁。

(24) 同書、五九頁。

(25) 古屋安雄『神の国とキリスト教』(教文館、二〇〇七年)第二章参照。A・リッチュル『神の国とキリスト者の生』深井智明・加藤善之訳(春秋社、二〇一七年)。

(26) R・ブルトマン『新約聖書と神話論』の一節にある、例えば以下のような箇所。「……決断の問題が起こりうる共通の基礎はなんであるかという問題だけが、神学にとって重大なのである。しかしながら、これは、ひとつは、自然科学によって形成された世界像であり、他は、人間の自己理解であって、……」。ここに明らかに「科学的世界像vs自由意志の決断」というカント的二元論が見て取れる。(新教出版社、一九八〇年)二一頁。

山岡喜久男訳。
(27) 例えば最近のものとしては姜尚中『マックス・ウエーバーと近代』(岩波現代文庫、二〇〇三年)参照。
(28) フェルナン・ブローデル『地中海』I—V、浜名優美訳(藤原書店、二〇〇四年)、『歴史入門』金塚貞文訳(中公文庫、二〇〇九年)。『歴史入門』八六—八八頁にはウエーバー説への批判がある。そして、資本主義は国家と一体化するときに栄える、と注釈している。
(29) 一二一五年のラテラノ公会議でいわゆる利子率が高率(三三%)にまで容認された。水野和夫『資本主義の終焉と歴史の危機』(集英社新書、二〇一四年)一五七頁。
(30) 工業(産業)製品についていえば、グローバルに物が豊かにいきわたり、ついには周辺地域がなくなってきた。今日では産業資本主義から金融資本主義にまで発展して、しかもそのことのゆえに貧富の格差問題など負の側面が顕著になってきた。一部の資本家に富が集中してしまう、リスクの大きい資本主義はまもなく終焉するのではないか、というような議論も現れている。かといってそれに代わる経済システムをまだ示せないでいる。何としてもそのようなものを見出さなければならない。資本主義なるものをもう一度基本から考え直さねばならない時代に入ったのである。筆者がこれまで述べてきた社会連帯経済すなわち協同組合的な考え方はその一つのオプションである。
(31) I・ウォーラーステイン『近代世界システム』I—Ⅳ、川北稔訳(名古屋大学出版会、二〇一三年)。
(32) 同書、I・一四頁。
(33) 同書、I・一一九頁。
(34) アリスター・マクグラス『ジャン・カルヴァンの生涯』(下)(キリスト新聞社、二〇〇九年)一二三頁。
(35) 日本の今日の社会状況への警鐘として例えば、S・スタインモ『政治経済の生態学——スウェーデン・日本・米国の進化と適応』(岩波書店、二〇一七年)参照。
(36) マックス・ヴェーバー著『プロテスタンティズムの倫理と資本主義の精神』梶山力・大塚久雄訳(岩波文庫

上巻一九五五年、下巻一九六二年）（上）一三七頁。本書の筆者はいくつかの理由からこの邦訳を使う。

（37）同書、（上）一三八頁。

（38）I・ウォーラースティン『近代世界システム』Ｉ、一六五頁。また川北稔『世界システム論講義』（ちくま学芸文庫、二〇一六年）の以下の部分も参照。「わが国でもいわゆる『戦後史学』においては、イギリス人、とくにヨーマンと呼ばれた中産的な人びとが、ピューリタニズムの禁欲・勤勉の精神にしたがって働いたことこそが、イギリス産業革命の原因だといわれたものである。……しかし……ウイリアムズによれば、カリブ海域では砂糖がとれたからこそ、奴隷制度があり、奴隷制度があったから、産業革命があったのである」（一三四頁）。またY・N・ハラリ『サピエンス全史』上下巻、柴田裕之訳（河出書房新社、二〇一六年）。下巻、第一五―一八章には一五世紀から一八世紀にヨーロッパの資本主義の発展が新大陸やアジアでの植民地主義と深く結びついていたことが描かれている。

（39）J・ハーバーマス『コミュニケイション的行為の理論』河上倫逸他訳（未来社、一九八七年）（上）二二三頁。「ヴェーバー自身は西南ドイツの新カント主義の影響を受けている。精神科学や文化科学の理論の分野では、ヴィンデルバントやリッケルトは、デイルタイやその他の歴史学派の思想家達と類似した立場を取っていたのであるが、社会科学における進化主義的見地との対決にとって、新カント主義はその二元論主義的科学哲学を超えて特別の意味を有するようになったのである」。

（40）ウエーバーのテキスト本文中の「ルター訳聖書の原典解読がこの問題の発端だ」という箇所に関する批判と『プロテスタンティズムの倫理と資本主義の精神』全般への批判については羽入辰郎『マックス・ヴェーバーの犯罪』（ミネルヴァ書房、二〇〇二年）、『学問とは何か』（ミネルヴァ書房、二〇〇八年）参照。

（41）ウエーバーがピューリタンに帰している人間論（下二五―二八頁）は「内面的孤独」や「個人主義」という表現が使用されているように明らかに啓蒙の理性の自律そのものである。

（42）実際に『プロテスタンティズムの倫理と資本主義の精神』（下）七〇頁で「デカルトの『われ思う、故にわれ在り』の語は、こうした新たな倫理的な意味あいで、当時のピュウリタンたちの受け容れるところであった」と書いている。ここでウエーバーが「ピュウリタンたち」と呼んでいるのは実はアングロ・アメリカ的な個人主義のことにすぎない。

(43) J・ハーバーマス『コミュニケイション的行為の理論』(上) 二六四—二六五頁。

(44) 同書、(上) 二九六—二九七頁。

(45) 同書、(上) 三一三—三一六頁。

(46) 村岡範男『ドイツ農村信用組合の成立——ライファイゼン・システムの軌跡』(日本経済評論社、一九九七年) 六〇—六二頁。

(47) バーナード・ド・マンデヴィル (一六七〇—一七三三) の著作『蜂の寓話』(法政大学出版会、一九八五年) のサブタイトルの言葉。一七二三年に英国で出版された本書は「悪徳を奨励する」などの理由から大陪審より告発を受けたが、徐々に影響力を増しD・ヒューム、A・スミス、J・ベンサムらにも強い影響を与えた。

(48) 拙著『宗教と公共哲学——生活世界のスピリチュアリティ』(東京大学出版会、二〇〇四年) 五七頁以下。

(49) J・ハーバーマス『自然主義と宗教の間』(法政大学出版会、二〇一四年) 一九〇頁。

(50) 同書、一八七頁。

(51) Alister. E. McGrath, *A Scientific Theology*, 3vols. London, T&T Clark, 2001–2003. 本書の著者自身による要約の邦訳がある。『神の科学』稲垣久和、岩田三枝子、小野寺一清訳 (教文館、二〇〇五年)。

(52) 拙著『哲学的神学と現代』(ヨルダン社、一九九七年)、『公共の哲学の構築をめざして』(教文館、二〇〇一年) 参照。

(53) ユルゲン・ハーバーマス「信仰と知の境界——カントの宗教哲学の影響史と現代的意義によせて」『自然主義と宗教の間』(原著二〇〇五年、翻訳二〇一四年) 法政大学出版局、二六四—二六五頁。

(54) 同書、二四一頁。

(55) 同書、二四三頁。
(56) 同書、二四五頁。
(57) 同書、二四六頁。
(58) 同書、二五四頁。
(59) 同書、二五五頁。
(60) 同書、二五六頁。
(61) 同書、二七〇頁。
(62) 同書、二七一頁。
(63) 同書、二七八頁。
(64) 間瀬啓允・稲垣久和編『宗教多元主義の探究――ジョン・ヒック考』(大明堂、一九九五年)。
(65) 原義(original righteousness)とは神に創造されたアダムすなわち人間に本来的に与えられた人性で、アブラハム・カイパーによれば三つの意味がある。①義(righteousness)、②聖性(holiness)、③知恵(wisdom)である。Abraham Kuyper, *De Gemeene Gratie*, 3vols. Amsterdam, 1902–1905. English translation: *Common Grace*, Jordan Ballor, Stephen Grabill (Editors), Christian's Library Press, Grand Rapids, Michigan, 2013–. vol. 1, 191–195.
(66) 「近代世界システムのもっとも早い時期――少なくとも一六世紀には始まり、少なくとも一八世紀までは続いた――の「ヨーロッパ世界経済」では、国家が経済活動の主役をなしていたという点では、完全に研究者の見解が一致している」とウォーラーステインは書いている。『近代世界システム』I、一五二頁。また筆者と社会学者・大沢真幸氏との対談『キリスト教と近代の迷宮』(春秋社、二〇一八年)参照。
(67) 拙稿、第二回、第三回賀川シンポジウム記録「協同組合の間に橋をかける」「雲の柱」三一号(二〇一七年)、「協同がつながって社会を変える」同三二号(二〇一八年)(賀川記念館松沢資料館発行)。拙稿「日本に参加型民主主義を創る」協同組合研究誌「にじ」JC総研、二〇一八年、春号。

（68）カール・バルト『教会教義学』「和解論Ⅲ／3」井上良夫訳（新教出版社、改訂版第一刷、二〇〇二年）三三三頁。またバルトの論文「キリスト者共同体と市民共同体」（一九四六年）の新訳において天野有は das kommende Reich Gottes を「到来しつつある神の国」と訳し未来的ではなく現在的事柄として受け取っている（バルト・セレクション6『教会と国家Ⅲ』新教出版社、二〇一八年）。
（69）日本におけるバルト神学受容の歴史のまとまった研究書としては、バルト神学受容史研究会編『日本におけるカール・バルト――敗戦までの受容史の諸断面』（新教出版社、二〇〇九年）参照。
（70）John Hick, *An Interpretation of Religion, London.* Yale University Press, 2005, p. 159. より詳細な宗教哲学的議論は拙著『実践の公共哲学』（春秋社、二〇一三年）一一六頁以下参照。
（71）K・ポランニー『経済と文明』栗本慎一郎・端信行訳（筑摩書房、二〇〇四年）第二部参照。
（72）同書、三四頁。
（73）拙稿「福祉と『宗教の公共的役割』」広井良典編『福祉の哲学とは何か』（ミネルヴァ書房、二〇一七年）一八八―一九九頁。
（74）和辻哲郎は戦後の『倫理学』においても日本倫理思想史を踏まえた上でなお「公共＝公」という同一視を行っている。稲垣久和・佐々木炎編『キリスト教福祉の現在と未来』（キリスト新聞社、二〇一五年）七二頁。
（75）筆者の四セクター論は柄谷行人の四つの交換様式に基づく社会構成体に類似している（『世界史の構造』岩波現代文庫、二〇一五年）。ただし柄谷には家族セクターがなく、それゆえに親密圏と公共圏の区別がなく「異質な他者」との対話的な熟議が重視されているようにはみえない。
（76）R・マウ『アブラハム・カイパー入門』稲垣久和・岩田三枝子訳（教文館、二〇一二年）二一頁。より学術的なカイパー論についてはP・S・ヘスラム『近代主義とキリスト教』稲垣久和・豊川慎訳（教文館、二〇〇二年）参照。
（77）拙著『宗教と公共哲学』一八頁。

(78)賀川豊彦『友愛の政治経済学』(日本生活協同組合連合会出版部、二〇〇九年)一二八頁。
(79)堀越芳昭は一九三五年のフォーケ『協同組合セクター論』を解説しつつ「フォーケの二重性論は『協同組合とは、事業体という独自の方法で人々の共通利益の実現を図る人的結合体である』としているところにある。レイドロー報告における協同組合の定義および一九九五年ICA原則における協働組合の定義に符合するものである」と歴史的展開をまとめている(中川雄一郎/JC総研編『協同組合は「未来の創造者」になれるのか』家の光協会、二〇一四年、七六頁)。ここで、事業体経営の解明は主として社会科学的手法によるが、人的結合体の詳細な分析はすぐれて倫理学的・哲学的課題となる。
(80)拙著『公共福祉とキリスト教』(教文館、二〇一二年)第三章参照。
(81)S・スタインモ『政治経済の生態学』山崎由希子訳(岩波書店、二〇一七年)第三章参照。
(82)J・ハーバーマス「信仰と知の境界」「この(道徳と幸福との一致というカントの)理想は、協同的(kooperativ)に追求されるべき目標として表象されているのではなく、道徳法則のもとでそのつど個人的に追求される個別的目的の、集合的効果として期待されるものとして表象されているのである」(二四七頁)。
(83)同書、「けれどもこの理念(カントの超越的理念)が、もはや個人の行為を道徳的に導くだけではなく、現象の世界のなかで協同的に(kooperativ)実現されるべき社会的・政治的な状態の理念に翻訳されたとき初めて、英知的な目的の国はこの(現象の・地上の)世界の国に変貌するのである。『倫理的共同体』という名前のもとで、カントは宗教哲学のなかで実際にそのような翻案を企てている」(二四六―二四七頁)。
(84)加藤周一「雑種的日本文化の希望」『加藤周一著作集・第七巻』(平凡社、一九七九年)四〇頁。
(85)賀川豊彦『東洋思想の再吟味』賀川豊彦全集第一三巻(キリスト新聞社、一九六四年)八三頁。
(86)同書、一三三頁。
(87)拙稿「『宇宙の目的』再考(1)(2)」明治学院大学キリスト教研究所紀要四七、四八号(二〇一五年、二〇一六年)。

(88) 拙著『公共福祉とキリスト教』（教文館、二〇一二年）七〇頁。
(89) 松下圭一『転換期日本の政治と文化』（岩波書店、二〇〇五年）。
(90) 拙著『実践の公共哲学』（春秋社、二〇一三年）五七頁以下。
(91) 賀川豊彦『人格社会主義の本質』（一九四九年）賀川豊彦全集第一三巻、一五二頁。
(92) 人格社会主義の定義は以下のようである。「この意識の転回の可能な世界においてのみ新しき世界経済が開展する。その組織が完全なればなるほど価値発展は高度に展開する。その高度の意識結合の社会を私は「人格社会」とよび、その社会政策を人格社会主義と呼ぶのである」。『人格社会主義の本質』一六二頁。
(93)『賀川豊彦協同組合論集』（明治学院生活協同組合、一九六八年）二〇―二一頁。医療衛生（保険）、生産、販売、信用、共済、利用、消費の七つ。
(94) 実際に新しい日本国憲法について論じていて、これを使って協同組合国家にすることを提案している。『人格社会主義の本質』二四一頁。
(95) 同書、二四九頁。
(96)『友愛の政治経済学』（日本生活協同組合連合出版部、二〇〇九年）五六―五七頁。
(97) 同書、一七四頁。
(98) 拙著『公共福祉とキリスト教』第三章参照。
(99) 同書、二〇六頁以下。
(100) 小野塚知二・沼尻晃伸『大塚久雄「共同体の基礎理論」を読み直す』（日本経済評論社、二〇〇七年）八七―八八頁。
(101) 同書、二一頁以下。
(102) 戦時下の産業組合法の改正により農業団体法が実施され、実質的に日本の全農家を国家の統制機関として組織化することを可能にした。

(103) 小野塚知二・沼尻晃伸『大塚久雄「共同体の基礎理論」を読み直す』九七頁以下。
(104) 齋藤仁『農業問題の展開と自治村落』(日本経済評論社、一九八九年) 五四頁。
(105) 川村保「農業協同組合はなぜ必要か」『農業と経済』vol.83、No.7、昭和堂発行、二〇一七年、六—一三頁。
(106) 拙稿「協同組合の間に橋をかける——第二回賀川シンポジウムから」「雲の柱」三一号(二〇一七年)、「協同がつながって日本社会を変える——第三回賀川豊彦シンポジウムから」「雲の柱」三二号(二〇一八年)。
(107) 石田正昭『JAの歴史と私たちの役割』(家の光協会、二〇一四年) 一〇〇頁。なお本書の三八頁、四四頁には賀川の働きへの言及がある。またJA共済への賀川の寄与については和田武弘『JA共済の源流をたずねて——賀川豊彦とJA共済』(全共連、二〇一七年) を参照のこと。
(108) 石田正昭「協同組合間協同——理念を実践する」(第三七回日本協同組合学会大会、二〇一七年所収) は筆者の提唱する四セクター論と創発民主主義から今後の協同組合の方向性を構成している。
(109) 東京基督教大学共立研究所編、第二回、三回賀川シンポジウム「助け合いの心が日本社会を変える——市民社会と賀川豊彦の友愛精神」(http://www.tci.ac.jp/smj/?p=126) など参照。
(110) 労働者福祉協議会編『労働者福祉運動の「これまで」と「これから」』(二〇一六年)。
(111) 拙稿「賀川豊彦の神の国論——正義の倫理、ケアの倫理」キリスト教社会福祉学会編「キリスト教社会福祉研究」第五〇号、二〇一八年。
(112) 拙稿「福祉と宗教の公共的役割」広井良典編『福祉の哲学とは何か』一八八頁。
(113) 今日の第三セクターを担う多くの論者たちは、意識的に「新自由主義への対抗軸」という名のもとに自らの運動を位置づけている。例えば北川太一「これからの協同組合」日本農業新聞編『協同組合の源流と未来』(岩波書店、二〇一七年) 二一六頁。
(114) ユルゲン・モルトマンは『三位一体と神の国』の中で次のように述べている。「栄光の王国は、父の創造の完成として、子の解放の普遍的な遂行として、霊の内在の成就として理解されねばならない」。(土屋清訳、新教出版社、一九九〇年）二三七頁。
(115)『プロテスタンティズムの倫理と資本主義の精神』（下）一五頁。
(116)「ウエストミンスター信仰基準」日本基督改革派編（一九九四年、新教出版社）五頁。
(117)『プロテスタンティズムの倫理と資本主義の精神』（下）一五―一六頁。
(118)「ウエストミンスター信仰基準」（同、ウエストミンスター小教理問答書）九頁。
(119)『プロテスタンティズムの倫理と資本主義の精神』（上）一三六頁。

執筆者紹介（掲載順）

山口希生（やまぐち・のりお）
一九七〇年生まれ。早稲田大学法学部卒業。セントアンドリュース大学神学部卒業、二〇一五年セントアンドリュース大学より博士号取得。日本同盟基督教団中野教会伝道師。東京基督教大学非常勤講師。新約聖書学。著書に『人生を聖書と共に――リチャード・ボウカムの世界』（共著、新教出版社、二〇一六年）、訳書にリチャード・ボウカム『イエス入門』（共訳、新教出版社、二〇一三年）、N・T・ライト『シンプリー・ジーザス』（共訳、あめんどう、二〇一七年）、『新約聖書と神の民』上・下巻（新教出版社、二〇一五、二〇一八年）ほか。

加山久夫（かやま・ひさお）
一九三六年生まれ。大阪基督教学院、デュビューク神学大学卒。クレアモント大学大学院博士課程修了。明治学院大学名誉教授、前賀川豊彦記念松沢資料館館長。日本基督教団引退教師。著書に『ルカの神学と表現』（教文館、一九九七年）、『今、なにをなすべきか――隅谷三喜男に学ぶ』（共著、新教出版社、二〇一五年）ほか。訳書に小山晃佑『神学と暴力 非暴力的愛の神学をめざして』（共訳、教文館、二〇〇九年）、賀川豊彦『友愛の政治経済学』（共訳、日本生活協同組合連合会出版部、二〇〇九年）ほか。

山口陽一（やまぐち・よういち）
一九五八年生まれ。金沢大学・東京基督神学校卒、立教大学大学院（修士）。東京基督教大学学長・教授、日本同盟基督教団牧師。日本キリスト教史、実践神学・説教学。

著書に『「日本的キリスト教」を超えて』（共著、いのちのことば社、二〇一六年）、『「聖書信仰」の成熟をめざして』（共著、いのちのことば社、二〇一七年）、『戦後70年の神学と教会』（共著、新教出版社、二〇一七年）ほか。

黒住真（くろずみ・まこと）
一九五〇年生まれ。一九八〇年東京大学大学院博士課程満期退学。東京大学大学院総合文化研究科名誉教授。東洋日本思想史、倫理学、比較思想宗教。
著書に『近世日本社会と儒教』（ぺりかん社、二〇〇三年）、『複数性の日本思想』（ぺりかん社、二〇〇六年）、『一神教とは何か――公共哲学からの問い』（共編、東京大学出版会、二〇〇六年）、『思想の身体　徳の巻』（編著、春秋社、二〇〇七年）、『文化形成史と日本』（東京大学出版会、二〇一八年予定）ほか。

稲垣久和（いながき・ひさかず）
一九四七年生まれ。一九七五年東京都立大学大学院博士課程修了。アムステルダム自由大学哲学部・神学部研究員、客員教授を歴任。東京基督教大学教授。キリスト教哲学・公共哲学。
著書に、『宗教と公共哲学――生活世界のスピリチュアリティ』（東京大学出版会、二〇〇四年）、『国家・個人・宗教――近現代日本の精神』（講談社現代新書、二〇〇七年）、『公共福祉とキリスト教』（教文館、二〇一二年）、『改憲問題とキリスト教』（教文館、二〇一四年）、『実践の公共哲学――福祉・科学・宗教』（春秋社、二〇一三年）、『キリスト教と近代の迷宮』（共著、春秋社、二〇一八年）ほか。

本文の引用内に今日の人権意識に照らして差別語にあたる言葉が含まれますが、刊行の時代背景を考慮しそのままとします。（編集部）

神の国と世界の回復――キリスト教の公共的使命

2018年9月30日　初版発行

編　者　稲垣久和
発行者　渡部　満
発行所　株式会社　教文館
〒104-0061 東京都中央区銀座4-5-1
電話 03(3561)5549　FAX 03(3260)5107
URL http://www.kyobunkwan.co.jp/publishing/
印刷所　モリモト印刷株式会社

配給元　日キ販　〒162-0814　東京都新宿区新小川町9-1
電話 03(3260)5670　FAX 03(3260)5637

ISBN978-4-7642-6138-9　Printed in Japan